# Imágenes que curan

Traducción de Mercedes Villar

RobinBook

Si usted desea que le mantengamos informado de nuestras publicaciones, sólo tiene que remitirnos su nombre y dirección, indicando qué temas le interesan, y gustosamente complaceremos su petición.

Ediciones Robinbook
Información Bibliográfica
Aptdo. 94.085 - 08080 Barcelona

Título original: *Guided Imaginery.*

Diseño cubierta: Regina Richling.
Fotografía: Daimie Blandford (A. G. E. Fotostock).
ISBN: 84-7927-088-8.
Depósito legal: B-3.401-1994.
Fotocomposición de Pacmer, Miquel Àngel, 70-72, 08028 Barcelona.
Impreso por Libergraf, Constitució, 19, 08014 Barcelona.



Impreso en España - *Printed in Spain*

# Introducción

En algún momento todos buscamos «transformar» nuestras vidas. Puede ser una transformación emocional o física, el deseo de una profesión nueva o un cambio en las relaciones. Cualquiera que sea el desafío de su transformación, esta colección de meditaciones guiadas le permitirá facilitar ese cambio, mejorar la calidad de su vida, avanzar en su existencia cotidiana y conectar con su yo más pleno.

*Imágenes que curan* le ofrece una gran variedad de meditaciones suministradas por distintos guías que constituyen una muestra representativa de profesionales, entre los que se encuentran médicos, psicólogos, sanadores, maestros y escritores que han elegido compartir sus experiencias con usted.

Las imágenes creativas proporcionan numerosos beneficios. En la actualidad es bien sabido que la visualización es efectiva para tratar el estrés y las enfermedades físicas, entre ellas las jaquecas, los espasmos musculares y el dolor crónico. Muchos investigadores han descubierto que desempeña un papel importante en programas de tratamiento para un amplio abanico de enfermedades. También se ha demostrado que la visualización mejora la memoria, desarrolla la confianza en uno mismo y aumenta la aptitud atlética. No es ni mágica ni sobrenatural sino, simplemente, una simple cuestión de relajación, de desbloquear la mente y centrar los pensamientos claramente sobre lo que se desea lograr, contribuyendo a crear un entorno más receptivo en su propia mente para ayudarle a alcanzar los resultados deseados.

Así pues, el beneficio más importante de la meditación es el alivio del estrés. La imagen guiada es una de las numerosas herramientas disponibles para enseñar a la gente cómo liberarse de la tensión, la ira, el miedo, la ansiedad y todas las demás emociones que generan estrés, impidiendo que éste se interiorice y ocasione lesiones de orden psicológico y físico.

Las imágenes no sólo tienen el poder de curar, sino que pueden llevarle a los niveles más elevados de conocimiento y experiencias. Visualizar lo que usted puede hacer para tener éxito en una situación le ayudará a enfrentar y dominar esa situación. Visualícese realizando un objetivo y su mente y su cuerpo asumirán que lo ha alcanzado ya. Ciertos pensamientos producen sentimientos conexos. Si tiene pensamientos tristes, usted se sentirá desdichado. Si tiene pensamientos alarmantes, se sentirá ansioso.

La clave para emplear las imágenes con éxito es practicarlas cuando se está profundamente relajado. La relajación es una herramienta valiosa, que no debemos ignorar. Cuando esté relajado será capaz de experimentar las imágenes más vívidamente, por lo que es probable que éstas tengan un efecto más profundo. Por ello, cuanto más profundo sea su estado de meditación o relajación, más vívidos serán los detalles. Si delinea una imagen vaga o débil, dígase: «Si pudiese ver una imagen, ¿cuál sería?». Las imágenes llegarán a ser más reales con la práctica. Concédase tiempo. Recuerde que éstas no son más que técnicas para ayudarle a utilizar la imaginación que ya posee y aplicarla de muchos modos distintos a su vida cotidiana.

Este libro le ayudará a descubrir la fuerza que usted tiene para cambiar y mejorar su vida. Tal aptitud es innata en cada uno de nosotros, y mientras muchos dependen de influencias, personas o elementos externos para lograr cambios y crecimiento, todas las herramientas que usted necesita están presentes dentro de su propia mente. La imagen guiada le permite verse del modo en que desea ser. Cuando practique la visualización llegará a sentirse progresivamente cómodo con una realidad nueva para usted mismo.

Por ejemplo, si se muestra vacilante acerca de hablar en público, puede visualizar alocuciones que hipnotizan al auditorio y verse protagonizándolas de una manera serena y controlada. Por supuesto, deberá practicar el arte de hablar ante los demás en la realidad, además de hacerlo en la fantasía. Pero la fantasía acrecentará su progreso y su éxito.

Mucha gente utiliza la visualización para desarrollar su naturaleza espiritual. Cada imagen puede ser considerada como una plegaria. Se trata, simplemente, de pedir y recibir lo que usted (o su creador) tiene para ofrecer. Las imágenes pueden producir emociones pujantes y vencer los bloqueos psicológicos. Bastará con que usted se vuelque hacia su interior para que encuentre un mundo diferente al de su conciencia normal. Porque, del mismo modo que el alfarero es capaz de moldear la arcilla, usted lo es de transformar lo que desee: cambiar su programación, desarrollar un conocimiento de sí mismo y una autoestima mayores, en suma, realizar su potencial plenamente.

Otro recurso poderoso que puede ser revelado o realzado a través de las imágenes y la meditación es el amor. La creación de una atmósfera afectuosa resulta beneficiosa para quienes están enfermos físicamente. En este libro encontrará muchas visualizaciones que han sido diseñadas por médicos. Tales imágenes ayudan al cuerpo a incrementar su sistema inmune, aumentan la producción de elementos químicos que estimulan la curación y, en términos generales, pueden relajar y fomentar la paz que el individuo necesita para contribuir al proceso curativo.

Permitirse amarse a sí mismo tiene consecuencias sorprendentes. Le ayuda a llegar a ser libre, a derribar las barreras psicológicas, a ser intrépido y fuerte. El verdadero amor comienza como una experiencia personal; sólo después de que se ame a usted mismo puede comenzar a amar a los demás.

Le ofrezco estas meditaciones con amor sincero y con la esperanza de que le ayudarán a realzar sus aptitudes personales y sus poderes mentales. Permítase liberarse y disfrute estas experiencias. Puede obtener paz interior, amor, serenidad y felicidad por lo bueno que logre guiándose a sí mismo y guiando a los demás. Las imágenes guiadas le ayudarán a descubrir quién quiere ser y a convertirse en la persona que verdaderamente estaba destinada a ser.

Piense con su corazón y ame con su mente.

# Cómo utilizar este libro

Si usted nunca ha practicado las imágenes guiadas o la meditación, no se preocupe. Todos hemos visualizado en algún grado y este libro ofrece una variedad de imágenes guiadas que pueden ser practicadas por cualquiera siguiendo algunas instrucciones sencillas. No se requiere ninguna preparación o curso especial. Si la plegaria forma parte de su vida, entonces ya ha experimentado lo que es la meditación. Por consiguiente, relájese y disfrute del viaje.

## Tipos de meditación

Mientras la meditación tradicional requiere una mente tranquila e inactiva, las imágenes guiadas crean una escena o un grupo de escenas que se desarrollan para cumplir el propósito de la fantasía. Unas imágenes diseñadas para ayudarle a avanzar en su carrera podrían implicar escalar una montaña o encontrar su camino en un difícil sendero selvático. El objeto del viaje es ayudarle a orientarse psicológicamente para un logro, una curación, una relajación u otras numerosas áreas de cambio o crecimiento.

## ¿Dónde y cuándo debería meditar yo?

Estos viajes pueden experimentarse leyéndolos en silencio o en voz alta, solos o con un compañero. Puede que desee grabar los viajes en cintas magnetofónicas con su propia voz y volver a escucharlos en los momentos mejores para usted. También puede desear compartir estos viajes con un grupo.

La visualización puede efectuarse realmente en cualquier lugar: mientras está esperando en la consulta del médico, en un avión, durante una caminata o incluso sentado en su escritorio.

No obstante, estos viajes se practican mejor en un lugar tranquilo, sin interrumpciones y en una posición relajada: acostado con los ojos cerrados, sentado en una silla o tal vez en el suelo con las piernas cruzadas y la espalda recta. No escoja una posición porque piense que debería hacerlo así; elija la que le resulte más cómoda.

La hora óptima para utilizar las imágenes guiadas es la que mejor le convenga. A menudo la gente utiliza viajes exaltadores, vigorizantes, para comenzar el día; imágenes tranquilizadoras, que alivian la tensión, para la pausa del mediodía; y visualizaciones relajantes, creativas, para la noche.

Los grupos de meditación son útiles para fomentar la creatividad en proyectos de trabajo y alentar a las personas a asociarse para actividades empresariales o comunitarias. Un grupo de niños excitables, revoltosos, también puede ser tranquilizado empleando la fantasía.

## Pausas

Muchos viajes tienen una o más «pausas». El tiempo que dedique a estas pausas dependerá de sus propias experiencias: puede ser de unos pocos minutos o de una hora. Puede determinar la longitud de la pausa antes de comenzar o durante el viaje.

## ¿Qué pasa si me quedo dormido?

Algunas personas tienen experiencias tan relajantes que creen que pueden quedarse dormidas. Habitualmente no lo hacen pero, para asegurarse, puede apoyar uno de los codos de manera que si comienza a adormecerse su brazo lo despierte al caer.

## Música

La música puede realzar los viajes, siempre que sea suave y no contenga cambios abruptos en el ritmo o el tono. Una sencilla música ambiental puede desarrollar o aumentar la capacidad de visualización.

## Respiración y relajación

Todos los ejercicios contenidos en este libro brindan instrucciones básicas para la respiración profunda en el inicio de cada viaje. Sea consciente de que esta respiración no consiste en quedarse sin aliento o en la hiperventilación, sino en aspirar y espirar de manera profunda, lenta y controlada.

La mayoría de la gente respira a partir de la parte media o superior del pecho, pero la respiración de relajación profunda procede de «respirar con el vientre». Aspire a través de la nariz y expanda su estómago. Cuando espire, contraiga su estómago y lleve suavemente el aire hacia arriba a través de sus pulmones, haciéndolo salir por la nariz o por la boca, según lo prefiera.

## Pero ¿qué pasa si no puedo visualizar?

Concédase autorización para visualizar. Permita a su mente jugar, crear y expandirse con las imágenes que ve. Téngase paciencia. Dígase: «Si pudiese visualizar algo, ¿cómo sería?».

Comience por practicar con objetos que le resulten familiares. Imagine una habitación de su casa, su lugar de vacaciones favorito o el retrato de una persona amada. Añada movimiento y color a la imagen, y permita a su mente que se sienta libre y vague a través de las representaciones que usted está creando. Practique esto como haría cualquier otra cosa y pronto será capaz de visualizar escenas fantásticas, imaginarias, que estimularán y realzarán sus viajes guiados.

Ahora vuelva a los viajes incluidos en este libro. Examínelos a la ligera y escoja los que sean mejores para usted en este momento. Puede que desee empezar leyéndolos en silencio para usted mismo y luego hacerlo en voz alta.

Disfrute de estos viajes, de sus maravillosas imágenes vívidas, de sus cualidades realzadoras de la vida y de su capacidad para ayudarle a lograr sus objetivos y deseos.

# Anestesia del guante

Guía: David E. Bresler

*«Estas imágenes suministran una ilustración espectacular del poder del autocontrol.»*

## Introducción

En este ejercicio de imágenes de dos pasos, en primer lugar usted aprende a desarrollar sensaciones de entumecimiento en su mano, como si la tuviese dentro de un guante anestésico imaginario. A continuación aprende a transferir esta sensación de entumecimiento a cualquier parte de su cuerpo que le duele, simplemente colocando sobre ella su mano «anestesiada». Este proceso, que me fue enseñado por William Z. Kroger, doctor en medicina, es una técnica sintomática, es decir que reduce los síntomas de dolor físico sin ocuparse de la causa.

Es una alternativa útil a los medicamentos

analgésicos, particularmente cuando la molestia es tan intensa que el paciente no puede concentrarse lo suficiente como para emplear otros enfoques de imágenes guiadas. La «Anestesia del Guante» ayuda a «embotar» la sensación de dolor, permitiendo así al paciente explorar más plenamente otros aspectos de la experiencia dolorosa. Además, la «Anestesia del Guante» suministra una ilustración espectacular del poder del autocontrol. Cuando los pacientes se dan cuenta de que pueden producir a voluntad sensaciones de entumecimiento en sus manos, también reconocen que pueden ser capaces de controlar su molestia. Esto resulta profundamente terapéutico para las personas que sufren dolor y se sienten totalmente indefensas e incapaces de incidir sobre su malestar.

## El viaje

Antes de comenzar, tómese un momento para sentirse cómodo y relajado. Siéntese erguido en una silla cómoda, con los pies apoyados en el suelo, y afloje cualquier prenda, joya o zapato que le apriete y pueda distraerle. Asegúrese de que no será interrumpido durante unos pocos minutos. Si es necesario, desconecte el teléfono.

Haga unas pocas respiraciones abdominales lentas, profundas. Aspire... Espire... Aspire... Espire... Centre su atención en su respiración a lo largo de todo este ejercicio y reconozca cómo sólo respirar sin dificultad, de manera lenta y profunda, puede ayudar a producir un estupendo estado de relajación profunda y suave.

Deje que su cuerpo respire por sí mismo, de acuerdo con su propio ritmo natural, de modo lento, fácil y profundo. Ahora cierre los ojos y comience el ejercicio con la respiración que sirve de señal, un mensaje especial que dice a su cuerpo que está preparado para entrar en un estado de relajación profunda. Espire... Aspire profundamente a través de la nariz... Y espire a través de la boca.

Puede advertir una especie de sensación de hormigueo cuando efectúe la respiración de contraseña. Pero cualquier cosa que sienta es el modo en que su cuerpo acepta la experiencia de relajación, comodidad y paz de espíritu que usted espera.

Preste atención a su respiración, lenta y profundamente... Mientras concentra su atención en su respiración, imagine una pelota de energía pura o una luz blanca que se inicia en la parte inferior de su abdomen y, mientras aspira, llévela hacia arriba por la zona delantera de su cuerpo hasta la frente... Cuando espire, llévela hacia abajo por su espina dorsal, haga que descienda por sus piernas y llegue al suelo...

Nuevamente, imagine a esta pelota de energía pura o luz blanca ascendiendo por la parte delantera de su cuerpo hasta su frente mientras aspira... Y cuando espire, hágala descender por su espina dorsal, bajando por sus piernas hasta llegar al suelo... Haga circular la pelota de energía durante unos pocos momentos. Permita que el movimiento de la pelota le lleve a usted a estados de relajación y comodidad aún más profundos.

Cada vez que aspire y espire, puede sorprenderse al encontrarse en dos ocasiones tan relajado como estuvo un momento antes... Doblemente confortable... Doblemente apacible... Pues con cada respiración cada célula de su cuerpo llega a estar cómoda... Libere toda la tensión, tirantez, dolor o molestia dejando que se escurra descendiendo por su espina dorsal, bajando por sus piernas hasta llegar al suelo... Continúe haciendo circular esta pelota de energía durante unos pocos momentos...

Preste atención a su respiración, lenta y profundamente desde el abdomen... Ahora haga un breve inventario de su cuerpo, comenzando en la coronilla y descendiendo hasta la punta de los dedos de los pies... ¿Cada parte de su cuerpo está totalmente relajada y cómoda? Si es así, estupendo, disfrute con lo bien que se siente.

No obstante, si todavía hay alguna parte de su cuerpo que no está plenamente relajada y cómoda, simplemente aspire con una respiración profunda y envíe el aire hacia esa región, llevando oxígeno tranquilizador, relajador, nutritivo y curativo a cada célula de esa zona, confortándola y relajándola.

Cuando espire, imagine que está eliminando a través de su piel cualquier tensión, tirantez, dolor o molestia de esa zona... Nuevamente, cuando aspire, lleve oxígeno relajante y curativo hacia cada célula de esa región, y cuando espire elimine a través de la piel cualquier tensión o molestia que perdure en esa zona... De este modo, puede emplear la respiración para relajar cualquier parte de su cuerpo que aún no esté plenamente relajada y confortable como puede estar...

Respire lenta y profundamente, y con cada respiración puede sorprenderse al descubrir que en dos ocasiones ha llegado a estar tan relajado como estuvo antes y que es capaz de eliminar doblemente tanta tensión y molestia como hizo con la respiración anterior... Aspirar... Espirar... Doblemente relajado... Inspirar... Espirar... Doblemente confortable...

Ahora, manteniendo los ojos cerrados, imagine que delante de usted se coloca una mesa pequeña. Sobre la mesa hay un cubo lleno de un líquido inodoro, claro y resplandeciente. ¿Puede verlo en su imaginación? ¿El cubo es de metal o de plástico? ¿De qué color es? Imagínelo tan vívidamente como pueda.

El líquido contenido en este cubo es un anestésico sumamente potente, tan poderoso que puede penetrar con facilidad cualquier tejido vivo, volviéndolo rápidamente insensible a toda sensación. En un momento dado, al contar tres, yo le indicaré que levante su mano derecha o izquierda y luego que la sumerja en el cubo imaginario hasta el nivel de la muñeca. Hágalo realmente, realmente levante su mano, pues si usted pasa por estas acciones como si fuesen reales puede sorprenderse al descubrir que el alivio que experimenta también será real.

Uno... dos... tres... Ahora levante su mano y sumérjala lentamente en el cubo. Sienta el hormigueo en la punta de los dedos mientras el anestésico es absorbido rápidamente. Cuando sienta el hormigueo, o cualquier cambio en la punta de sus dedos, lentamente comience a sumergir su mano más hondo. Sienta el entumecimiento subir hasta sus nudillos, a través de la palma y el dorso de su mano, y ahora ascendiendo hasta su muñeca...

Puede estar comenzando a sentir encogida y hormigueante la piel de su mano, y cuando el anestésico penetra incluso más profundamente, es posible que empiece a advertir un sensación de entumecimiento en los músculos de su mano y de sus dedos, como si fuesen de madera.

Cuando el entumecimiento se filtre incluso más profundamente, los huesos pueden perder toda sensación. Haga girar suavemente su mano dentro del cubo para asegurar la penetración más profunda posible de la solución anestésica. Perciba cualquier sensación que persista en su mano moviendo la punta de los dedos, hundiéndola suavemente hasta el fondo del cubo.

Continúe haciendo remolinos con su mano el tiempo que sea necesario hasta lograr la anestesia total, una sensación profunda de entumecimiento hormigueante.

En un momento dado, al contar tres, yo le indicaré que saque su mano del cubo y la coloque en forma suave directamente sobre cualquier parte del cuerpo que le duela. Esto le permitirá transferir las sensaciones profundas de entumecimiento desde su mano hacia la zona de su molestia, y a cambio, cualquier tensión, tirantez, dolor o molestia volverá a fluir desde esa zona hacia su mano... Entonces volverá a sumergir su mano en el cubo para eliminar esas sensaciones molestas y volver a llenarla con el entumecimiento aliviador del dolor.

Uno... dos... tres... Ahora saque su mano del cubo y colóquela directamente sobre la parte de su cuerpo que le duele. Imagine todas las sensaciones profundas de entumecimiento fluyendo desde su mano hacia cada célula de esa zona y, simultáneamente, represente su mano empezando a absorber toda la molestia de esa zona.

Observe que el mismo entumecimiento que se desarrolló con rapidez en su mano ahora está penetrando la parte dolorida de su cuerpo. ¿Puede sentir el encogimiento de la piel? ¿Los músculos están perdiendo toda sensación cuando el entumecimiento penetra aún más profundamente? ¿Puede experimentar que su mano llega a estar invadida por las sensaciones molestas que experimentó sólo en una ocasión en esa zona afectada?

Lentamente frote la mano en esa zona hasta que sienta que ha transferido tanta anestesia y absorbido tanta molestia como le sea posible. Puede que se sorprenda al advertir que esto ha producido una diferencia inmediata.

Ahora, sumerja una vez más su mano en el cubo y repita el ejercicio. Haga remolinos con su mano en la solución anestésica para permitir que la sensación de molestia transferida salga a través de la punta de sus dedos y fluya hacia el fondo del cubo.

Al mismo tiempo, vuelva a sentir reaccionar su mano ante la solución anestésica, absorbiéndola profundamente a través de la piel, en los músculos y los huesos. Una vez más, llene su mano completamente con la sensación de entumecimiento hormigueante. Probablemente llevará mucho menos tiempo alcanzar este estado que el requerido la última vez, pero continúe haciendo remolinos con su mano tanto tiempo como sea necesario, ya sea unos pocos segundos, o incluso un minuto o más.

Absorba tanto entumecimiento como su mano pueda soportar, y cuando esté preparado, vuelva a colocar su mano sobre la zona de molestia.

Una vez más, deje que las sensaciones de entumecimiento hormigueante, relajado, se filtren profundamente en cada célula de la zona. Si existe cualquier molestia persistente, vuelva a escurrirla hacia su mano. Frote suavemente su mano sobre la zona, transfiriendo estas sensaciones tan plenamente como pueda, hasta que esté preparada para sumergir nuevamente su mano en el cubo y repetir el proceso.

Continúe estos movimientos desde el cubo hasta la zona afectada a su propio ritmo. Puede repetir el proceso de transferencia tantas veces como desee a su propio ritmo. Cada vez que lo repita será capaz de experimentar una cantidad de comodidad y alivio incluso mayor en la zona afectada.

Cada vez que repita la transferencia, llegará a resultarle más y más fácil. Ahora continúe practicando a su propio ritmo...

Cuando esté preparado para terminar este ejercicio, simplemente agite su mano con brusquedad para volver con rapidez a todas las sensaciones que existían antes de comenzar.

Después de completar esta sesión de anestesia del guante, puede sorprenderse al advertir que no sólo se sentirá relajado y confortable, sino además cargado de energía y experimentando una sensación de bienestar tan vigorizante que estará en condiciones de satisfacer fácilmente cualquier exigencia que surja.

Para completar el ejercicio, simplemente abra los ojos y haga la respiración de contraseña... Espire... Aspire profundamente a través de la nariz... Espire a través de la boca... Y siéntase bien...

*El doctor David E. Bresler es director de la Unidad de Control del Dolor de la UCLA y profesor en las escuelas de Medicina y Odontología de la UCLA y del Departamento de Psicología de la UCLA. Actualmente ejerce la práctica privada en Santa Monica, California. Es director ejecutivo del Bresler Center Medical Group.*

*Reproducido con autorización de David E. Bresler, de* Free Yourself From Pain, *P.O. Box 967, Pacific Palisades, CA 90272.*

# Plegaria curativa

Guía: Louise Hay

*«El uso del amor me hace sentir bien.*
*Es una expresión de mi regocijo interior.»*

## Introducción

Esta bella reflexión breve es potente en su simplicidad y constituye una sedante meditación cotidiana. Disfrute y sienta el amor que libera dentro de usted.

## El viaje

En lo profundo del centro de mi ser existe un manantial infinito de amor. Ahora permito a este Amor fluir a la superficie. Colma mi corazón, mi cuerpo, mi mente, mi conciencia, todo mi ser, y se irradia desde mí en todas las direcciones y vuelve a mí multiplicado. Cuanto más Amor utilizo y doy, más tengo para dar; el abastecimiento es infinito. La utilización del amor me hace sentir bien; es una expresión de mi regocijo interior.

Me amo a mí misma; por consiguiente, cuido amorosamente de mi cuerpo. Lo alimento y lo nutro amorosamente con comidas y bebidas. Amorosamente lo aseo y lo visto, y mi cuerpo me responde amorosamente con salud y energía vibrantes. Me amo a mí misma; por consiguiente, me preparo un hogar confortable, que colme todas mis necesidades y sea un placer estar dentro de él. Lleno las habitaciones con la vibración de amor a fin de que todos los que entren, incluido yo mismo, sientan ese amor y sean nutridos por él. Me amo a mí misma; por consiguiente, realizo un trabajo en el que verdaderamente disfruto, una tarea que emplea mis facultades y aptitudes creativas, trabajando con y para personas que amo y que me aman, y obtengo unos buenos ingresos.

Me amo a mí misma; por consiguiente, actúo y pienso de un modo afectuoso con todas las personas que conozco, lo cual me es devuelto multiplicado. Sólo atraigo a mi mundo a personas afectuosas, pues ellas son un espejo de lo que yo soy. Me amo a mí misma; por consiguiente, perdono y exonero al pasado y a todas las experiencias del pasado y soy libre. Me amo a mí misma; por consiguiente, amo enteramente en el ahora, experimentando cada momento como bueno y sabiendo que mi futuro es luminoso y alegre, con la seguridad de que soy una criatura amada del universo y que el universo cuida de mí amorosamente en el presente y para siempre. Así sea.

*Louise L. Hay, maestra metafísica y autora de nueve libros (entre ellos* You Can Heal Your Life*), ha ayudado a miles de personas a descubrir y utilizar el potencial pleno de sus propios poderes creativos para el crecimiento personal y la autocuración.*

# Imagen de Bienestar

Guía: Martin L. Rossman

*«Las imágenes no son sólo un conjunto de herramientas para la curación, sino para prevenir la enfermedad y disfrutar de la más alta calidad de vida cotidiana.»*

## Introducción

La habilidad para concebir imágenes puede contribuir a su movimiento hacia el bienestar si usted está enfermo o sano en la actualidad, pero desea una vida aún más plena y satisfactoria. Las imágenes pueden ayudarle a resolver problemas prácticos, adquirir conocimiento sobre los demás, mejorar sus relaciones, realzar la confianza en sí mismo y contribuir a que alcance los objetivos que se ha fijado.

Estas imágenes pueden servir como un anteproyecto o un objetivo hacia el cual trabajar, o pueden actuar como una afirmación de la salud y del bienestar que usted ya experimenta.

## El viaje

Comience como de costumbre, adoptando una posición cómoda y aflojando cualquier prenda o joya que pueda ser restrictiva... Haga un par de respiraciones profundas y plenas y deje que la salida de aire sea un tipo de respiración de «liberación» verdadera... Imagine que con cada exhalación empieza a liberarse y a relajar cualquier tensión innecesaria que sienta...

Permita a su respiración que adopte su velocidad y ritmo naturales... permítase relajarse más profundamente con cada respiración... permita que el suave movimiento de su pecho y de su abdomen lo lleve más profundamente hacia el interior... Invite a su cuerpo a relajarse y llegue a estar confortablemente sostenido por la superficie sobre la que se asienta...

Cuanto más profundamente se relaje, su mente puede llegar a estar tranquila y sosegada... Cuando esté preparado, imagínese yendo hacia el interior, hasta ese lugar interno especial de profunda serenidad y concentración que usted ha visitado antes... Tómese tiempo para observar lo que ve allí hoy..., lo que oye en este lugar especial..., un aroma o una fragancia que está allí..., y en especial esa sensación de sosiego, quietud y seguridad que siente en este lugar.

Éste es su lugar interno especial..., un lugar al que puede venir en busca de descanso..., en busca de curación..., para aprender cosas que le serán de utilidad.

Tómese cierto tiempo y encuentre el punto en que se sienta más profundamente relajado, más tranquilo, centrado y conectado con las cualidades curativas naturales de este lugar especial... Permítase sentir las cualidades curativas de este lugar sustentando y nutriendo su vitalidad y avanzando hacia un mayor bienestar.

**Pausa**

Cuando esté preparado, permítase una imagen de usted disfrutando el bienestar que surge... Dé la bienvenida a la imagen cuando se forme en su conciencia y permítale llegar a ser más nítida... Tómese algún tiempo para advertir lo que observa... Puede parecerse a usted o ser una representación simbólica... ¿A qué se parece?... ¿Cómo está vestida, si es que lo está?...

¿Cómo se desplaza, cómo se sostiene?... ¿Cómo es su rostro?

¿Cómo parece sentir la imagen?... Observe lo que está haciendo esta imagen... ¿Existen otras personas, lugares o cosas en esta imagen de bienestar?

¿Cuáles son las cualidades que encarna esta imagen?... ¿Cómo es esta imagen que le comunica una sensación de bienestar?... ¿Existen cualidades particulares que parecen estar íntimamente conectadas con el bienestar de la imagen?

**Pausa**

Cuando esté preparado, imagínese convirtiéndose en la imagen... Observe cómo siente... Observe su postura, su rostro... Observe en especial las sensaciones de bienestar que experimenta... Imagine que mira con los ojos de la imagen... ¿Qué aspecto presenta el mundo desde aquí?... ¿Cuál es su visión del mundo?... Si usted tuviese un lema, ¿cuál sería?

**Pausa**

Imagine que se contempla a usted mismo... ¿Cuál es su aspecto desde esta perspectiva?...

¿Qué piensa de esa persona a la que está contemplando?... ¿Qué siente por esa persona?... ¿Hay algo que usted conozca que sería útil que esta persona sepa?

Vuelva a ser usted mismo y continúe experimentando las cualidades y sensaciones de bienestar en su interior... Observe una vez más la imagen de bienestar... ¿Parece diferente de algún modo?... ¿Hay algo que usted entiende ahora al respecto que no comprendió antes?

¿Hay algo que se interponga en el camino de avance hacia esa experiencia de bienestar en su vida cotidiana?

¿Qué cuestiones o asuntos surgen cuando usted considera esto?... ¿Cómo podría abordarlos de un modo saludable y dar un paso hoy hacia un mayor bienestar?

Cuando esté preparado, vuelva lentamente a su conciencia en estado de vigilia, recordando lo que ha sido importante para usted en esta experiencia... Cuando llegue a estar plenamente consciente, tómese algún tiempo para escribir sobre su experiencia.

*Martin L. Rossman, doctor en medicina, ejerce en Mill Valley, California. Ha enseñado técnicas de visualización a varios miles de pacientes y profesionales de la salud durante los últimos veinte años. El doctor Rossman es Adjunto Clínico en el University of California Medical Center de San Francisco y miembro del consejo de asesoramiento científico del Institute for the Advancement of Health.*

# Integrando las partes repudiadas

Guía: John Bradshaw

*«Reúna las partes esenciales de usted mismo.»*

## Introducción

Tal vez nadie ha hecho un trabajo más pionero en curar la vergüenza nociva que Virginia Satir. Recuerdo la primera vez que vi su trabajo con una familia. Su validación y formación de cada persona era algo para contemplar. Mientras ella ejecutaba su representación maravillosa, yo pude ver a cada persona aceptarse un poco mejor. Cuando eso sucedía, la familia se unía más. El trabajo era tan bello, que realmente lloré mientras la observaba.

En su libro *Your Many Faces* Virginia presenta la teoría central de una técnica que es utilizada por terapeutas de todo el país. Comúnmente se la llama Fiesta de las Partes. He visto este ejercicio adaptado en diversos modos por diferentes escuelas de terapia. A continuación daré mi propia variación de este ejercicio tan eficaz. Mi creencia es que este trabajo se realiza mejor con un grupo de personas. Tiene más impacto.

## El viaje

Cierre los ojos... Deje que su mente se centre en su respiración. Dedique dos o tres minutos a prestar atención a su respiración. Cuando aspire y espire comience a ver el número siete aparecer sobre una pantalla. Puede ser un número siete de color negro sobre una pantalla blanca o un número siete blanco sobre una pantalla negra. Céntrese en el número siete. Si no puede verlo claramente, imagine que su dedo lo pinta u oiga una voz decir siete en su imaginación, o haga las tres cosas si puede. Entonces ve, el dedo pinta, oye, el número seis; luego cinco; luego cuatro, etc., descendiendo hasta el número uno. Cuando se centre en el número uno, déjelo volverse despacio hacia una entrada de artistas y véala abrirse lentamente. Atraviese la entrada de artistas y vea un bello y pequeño teatro. Mire las paredes y el escenario...

Contemple el telón bajado... Acomódese en una butaca de la fila delantera y sienta la tela del tapizado... Hágalo en caso de que se trate de su tela favorita. Siéntala cuando se instale en el asiento. Póngase cómodo.

**Pausa**

Vuelva a mirar a su alrededor y haga que este teatro sea de algún modo lo que usted quiere ser. Luego vea al telón comenzando a levantarse... Permítase sentir la excitación que acompaña al alzamiento del telón. Cuando el telón esté levantado ve un gran cartel cubriendo la pared del escenario. Lee: «La Revisión de Partes de (ponga su nombre)». Piense en alguna parte de usted que realmente le gusta y vea a alguna persona famosa o a alguien a quien conoce bien que representa esa parte saliendo al escenario. Me gusta mi fantasía y veo salir a Johnny Carson... Oiga un aplauso resonante. Luego piense en otra parte de usted que realmente le guste y repita el proceso. Me gusta mi aptitud carismática para la oratoria y mi honradez y veo a John F. Kennedy subir al escenario. Repita esto hasta que sobre el lado derecho del escenario haya cinco personas. Luego piense en una parte de usted que no le guste y véala subir al escenario como personificada por una persona famosa o alguien que conoce. No me gusta mi desaliño y desorganización y veo a un amigo mío muy descuidado subir al escenario. Oigo un abucheo que retumba en el teatro como si hubiese público. Luego piense en otra parte de usted que no le guste. No me gusta la parte de mí que es cobarde y temerosa y veo a una persona que imagino que es Judas Iscariote subir al escenario. Finalmente, después de tener en el lado izquierdo del escenario cinco partes que detesta, le disgustan o rechaza, imagine que una persona sabia y bella avanza hasta el centro de la escena. Esta persona puede parecerse a un viejo con barba o a un joven radiante como Jesús o a una cálida madre alimentadora o lo que sea... Simplemente deje que aparezca su persona sabia... Luego véala abandonando el escenario y yendo hacia usted... Cuando se acerca, observe cualquier cosa que le impacte de esta persona... Luego óigala invitarle a subir al escenario para revisar sus numerosas partes.

Camine alrededor de cada persona que representa una parte de usted; mírelas a la cara. ¿Cómo le ayuda cada parte? ¿Cómo le estorba o le limita cada parte, en especial sus partes indeseables? ¿Qué puede aprender de sus partes indeseables? ¿Qué pueden enseñarle? Ahora imagine que todas esas partes están interactuando. Imagínelas alrededor de una mesa discutiendo un problema. Piense en un problema que tiene en ese momento. ¿Qué dice su fantasía al respecto? ¿De qué manera es útil? ¿De qué manera le estorba? ¿Cómo le ayuda su desorganización? ¿Qué sucedería si usted simplemente no tuviese esta parte? ¿Qué perdería usted? ¿Cómo le gustaría cambiar la parte que quiere rechazar? Modifique esa parte del modo que resulte más provechoso... ¿Qué se experimenta al modificar esa parte?...

Ahora vuelva a empezar y repita ese procedimiento con cada parte individual. Modifíquela hasta que le resulte aceptable. Luego acérquese a cada parte e imagínela fundiéndose con usted. Haga esto hasta que se halle solo en el escenario con su persona sabia. Oiga a la persona sabia decirle que éste es el teatro de su vida. Éste es el lugar al que puede venir de vez en cuando para revisar sus numerosas identidades. Oiga a la persona sabia decirle que todas estas partes pertenecen a usted, que cada una tiene su propio complemento en su equilibrio psíquico. Tome la decisión de abrazar a sus identidades; de amar y aceptar y aprender de todas sus partes... Vea alejarse a su persona sabia. Agradézcale la lección. Sepa que puede volver a llamarla... Baje del escenario. Sea consciente de usted mismo sentado en el teatro contemplando el escenario donde representa su vida. Deje que su mente vea cada una de sus partes recientemente modificadas flotando y siéntase como un organismo integral con muchos aspectos y partes interdinámicos. Hable, oyéndose decir: «Amo y acepto todo de mí». Vuelva a decirlo. Pronuncie estas palabras mientras se levanta para salir de su teatro. Atraviese las puertas del teatro. Dése la vuelta y vea el número uno..., un número uno negro sobre un telón blanco o un número uno blanco sobre un telón negro. Píntelo con el dedo y óigalo si puede. O realice una de estas cosas. Luego vea al número dos y haga lo mismo. Luego al número tres, comenzando a sentir la vida en los dedos de las manos y de los pies. Déjela subir por sus piernas. Vea al número cuatro y sienta que todo su cuerpo llega a estar vivo. Luego vea al número cinco y sepa que está regresando a su conciencia normal en estado de vigilia. Vea al número seis y diga: Estoy llegando a ser plenamente consciente. Sienta el lugar en que está y cuando vea al número siete, vuelva plenamente a su conciencia actual en estado de vigilia.

*John Bradshaw, autor de la difundida obra* Bradshaw On: The Family *y anfitrión de televisión para la serie de PBS del mismo nombre, nació en Houston, Texas, y fue educado en Canadá, donde estudió para el sacerdocio católico romano, obteniendo tres titulaciones de la Universidad de Toronto.*

# Cuerpo cinestésico

Guía: Jean Houston

*«... Reconstruir sus sensaciones internas y externas...»*

## Introducción

En este proceso estaremos utilizando lo que he llamado el «cuerpo cinestésico» (del griego: *kinema*, movimiento, y *esthesia*, sensación). Es la imagen del cuerpo codificada en el córtex motriz del cerebro, pero que se experimenta como el cuerpo *de fieltro* o imaginación muscular. La experiencia del cuerpo cinestésico es familiar a los atletas y músicos que ensayan internamente cuando no están ejecutando realmente sus habilidades respectivas. Muchos de ellos parecen tener una experiencia en este ensayo cinestésico casi tan vívida como la acción física real. También a veces, observando un acontecimiento artístico o atlético, usted se entregará tanto que sentirá cinestésicamente que en realidad está participando en la acción. De este modo, el combate de boxeo o la película de aventuras o el tenor dando un do de pecho le dejarán físicamente exaltado o exhausto.

Si está trabajando solo, querrá leer esta instrucción para grabarla en una cinta magnetofónica, haciendo una pausa a fin de dejar tiempo para el movimiento. Si usted es el guía en un grupo, querrá permanecer constantemente alerta al tiempo requerido por los participantes para el movimiento.

## El viaje

Antes de comenzar, levántese y obtenga una sensación de su cuerpo tal como está, en reposo, tranquilo, preparado para experimentar.

Ahora levante su brazo derecho real por encima de su cabeza y sienta el estiramiento de los músculos en todo el brazo y el torso mientras realiza esto...

Ahora baje el brazo. Repita este proceso de levantar el brazo derecho varias veces, acordándose de concentrarse en la sensación del movimiento en el interior del cuerpo.

Ahora sienta su brazo derecho tan claramente como pueda con su imaginación muscular..., y luego estire este brazo derecho *cinestésico* –es decir, el brazo de la imaginación muscular– por encima de su cabeza, tratando de experimentarlo tan vívidamente como sintió el brazo real. Ahora baje su brazo derecho cinestésico.

Alterne varias veces entre estirar con su brazo derecho real y con su brazo derecho cinestésico...

Haga lo mismo con su brazo izquierdo real y su brazo izquierdo cinestésico, acordándose siempre de experimentar su brazo cinestésico con tanta realidad como cuando estiró su brazo real.

Haga lo mismo, estirando alternativamente sus brazos real y cinestésico.

Deje que sus hombros reales hagan movimientos circulares hacia adelante, hacia abajo y girando, como molinetes de hilandería, acordándose de concentrarse en la sensación del movimiento.

Ahora haga lo mismo con sus hombros cinestésicos, tratando de sentir el mismo movimiento circular hacia adelante que sintió con sus hombros reales.

Alterne entre movimiento real y cinestésico.

Haga lo mismo cinestésicamente.

Alterne.

Ahora, con su cuerpo real, haga una arremetida de esgrima hacia la derecha. Vuelva al centro. Repita esto varias veces.

Ahora arremeta hacia la derecha con su cuerpo cinestésico. Vuelva al centro.

Alterne varias veces entre su cuerpo real y su cuerpo cinestésico cuando arremeta hacia la derecha y vuelva al centro.

Haga lo mismo con una arremetida de esgrima hacia la izquierda.

Siga esta secuencia: El cuerpo real arremete hacia la derecha. Vuelve al centro. El cuerpo real arremete hacia la izquierda. Vuelve al centro.

El cuerpo cinestésico arremete hacia la izquierda. Vuelve al centro.

El cuerpo real arremete hacia la izquierda. Vuelve al centro.

El cuerpo cinestésico arremete hacia la derecha y regresa.

El cuerpo real arremete hacia la derecha y regresa. El cuerpo real arremete hacia la izquierda y regresa.

Ahora, al mismo tiempo, su cuerpo cinestésico arremete hacia la derecha y su cuerpo real arremete hacia la izquierda. Vuelve al centro.

Ahora arremeta con su cuerpo real hacia la derecha y con su cuerpo cinestésico hacia la izquierda. Vuelva al centro.

Ahora alterne arremeter simultáneamente con el cuerpo cinestésico en una dirección y el cuerpo real en la otra. Haga esto una serie de veces.

Descanse.

(Siéntase libre de experimentar con este proceso, utilizando tantos movimientos diferentes como desee. Los movimientos pueden incluir saltar hacia arriba y abajo con su cuerpo físico, seguidos por saltar hacia arriba y abajo tan vívidamente como le sea posible con su imaginación cinestésica. Otra clase de práctica puede implicar ir hacia atrás y adelante entre los cuerpos real y cinestésico mientras alza y baja los brazos, dando vueltas lentamente en una dirección y luego en la otra, y así sucesivamente. En forma gradual advertirá que la sensación del cuerpo cinestésico va haciéndose más intensa, hasta ser sentida casi tan vívidamente como el cuerpo físico real.)

*Jean Houston, doctora en filosofía, pionera en el desarrollo humano, científica y filósofa de renombre internacional y presidenta de la Association for Humanistic Psychology, ha dirigido seminarios y trabajado en desarrollo humano en más de treinta y cinco países. Es directora de la Foundation for Mind Research de Nueva York y ha publicado más de diez libros.*

# Superando la gran mentira

Guía: Wayne Dyer

*«La sociedad en la cual se encuentra usted mismo simplemente es el escenario sobre el cual representa sus propios milagros.»*

## Introducción

En su libro *Real Magic*, el doctor Wayne Dyer fomenta la teoría de que «crecemos creyendo tantas limitaciones, que después de un tiempo nuestras vidas realmente manifiestan esas limitaciones». Nos oímos diciendo cosas que aceptamos como ciertas, cuando en realidad son creencias erróneas que se han convertido en nuestras verdades. En la medida en que usted se aferre a la gran mentira, la «verdad» de estas creencias erróneas, no puede llegar a ser una persona que experimenta milagros, explica Dyer. Continúa enumerando cinco creencias erróneas que, en su opinión, impregnan nuestra cultura: 1) No puedo evitar ser como soy; siempre he sido así. 2) Es mi naturaleza; heredé esta manera de ser y no puede cambiarse. 3) Mi personalidad está controlada por mi química corporal y mi metabolismo. 4) Mi familia es responsable de mi personalidad. 5) No puedo escapar a mi cultura y a mi época.

Lo que se incluye a continuación puede utilizarse como una afirmación positiva para reconocer las «creencias erróneas» en su vida ¡y aprender cómo llegar a ser una persona que cree en la magia!

## El viaje

«¡Soy un milagro!» Repítase esto una y otra vez hasta que esté firmemente inculcado en su mente. Sienta un temor reverente por usted. Producir milagros para usted mismo es casi saber interiormente que ya es milagroso. Cuando conoce y siente el milagro que usted es, también comienza a conocer y sentir que nada le resulta imposible. Empieza a sentir que ya no necesita aferrarse a esas cinco excusas descritas anteriormente, y en su lugar coloca su nueva conciencia. Para superar la gran mentira de que sus creencias erróneas son la verdad, necesitará equiparse con creencias nuevas y facultadoras. Debe llegar a saber que puede elegir la vida que quiere vivir. Puede elegir convertir su vida en una espléndida obra de arte, en constante evolución. La clave está en sus pensamientos, la parte prodigiosa invisible de usted que es su alma espiritual.

Usted ha entrado en este mundo alojado por un tiempo en un cuerpo limitado. Pero también tiene una mente ilimitada. Esta mente suya es desenfrenada, incorpórea e infinitamente capaz de provocar cualquier clase de milagro que elija, cuando es honrada y celebrada plenamente. Puede ocupar una forma enferma, crecer en una familia disfuncional, estar en una personalidad tímida deprimida, tener un comportamiento vacilante, corresponder a una persona normal o a alguien con el coeficiente intelectual de un genio y albergar fobias y miedos si quiere, e incluso puede escoger creer que no tiene ninguna elección en la cuestión y convencer a los demás de lo mismo.

## Pausa

O puede elegir alguna otra cosa. Puede emplear esa infinita fuerza invisible para crear una persona intencionalmente milagrosa. Con un pensamiento real-mágico usted puede dejar atrás la antigua hipnosis condicionada y ver que allí están aquellos que han superado condiciones aparentemente insuperables. Luego puede utilizar sus pensamientos para saber que si una persona puede dejar detrás la esquizofrenia, y otra puede superar la depresión maníaca, y otra llega a ser médico a pesar de que le hayan dicho que era disléxica o incluso retardada, entonces cualquiera que sea la fuerza que está fluyendo a través de ellas para permitir estos milagros, usted puede aprovecharla y usarla para convertirse en la personalidad que quiere ser.

El pensamiento real-mágico dice: «Lo creo, lo conozco y accederé a mis poderes espirituales para hacerlo. ¡Es mi intención!».

*El doctor Wayne Dyer es autor de numerosos libros, incluyendo su best-seller más reciente,* Real Magic. *El doctor Dyer es un psicoterapeuta con un doctorado en psicología de asesoramiento. Da conferencias en todo el país ante audiencias muy numerosas y aparece regularmente en radio y televisión. Vive con su familia en el sur de Florida.*

# Salud perfecta

Guía: Mona O'Neal

*«Cuando comenzamos a comprender que somos algo más que nuestro cuerpo, podemos permitir a nuestra mente que nos cure.»*

## Introducción

Aunque se hallan disponibles muchas meditaciones curativas maravillosas, ésta es diferente en el sentido de que provoca sensaciones. He descubierto que las emociones son el catalizador de las imágenes que creamos. En este viaje, aspiramos interiormente a la *sensación de salud perfecta*. Esta sensación, cuando se alberga en la mente consciente, forma una conciencia nueva: una creencia en el propio bienestar de uno, a partir de la cual es posible la curación verdadera.

## El viaje

Encuentre un lugar cómodo donde no será interrumpido durante quince minutos y siéntese o acuéstese. Sienta a su cuerpo completamente sostenido por la silla o el suelo o la cama. Haga unas pocas respiraciones profundas y relajantes. Mientras aspira y espira normalmente, sienta que el aire trae consigo una luz blanca y pura que entra por su nariz, su garganta y sus pulmones. Permita que su respiración introduzca más y más de esta luz blanca y pura en sus pulmones y desde allí la lleve hasta cada arteria, e incluso hasta las venas más diminutas de su cuerpo. En cualquier parte en que la sangre esté tomando oxígeno del aire, ahora recibe esta luz blanca, purificadora y curativa.

Sienta la luz desplazándose dentro de usted. Sienta la corriente suave y hormigueante bañando cada zona de su cuerpo..., iluminando cada órgano..., regenerando cada célula..., inundando cada átomo de su cuerpo con una perfección luminosa. Respire profundamente y con naturalidad durante unos pocos minutos más mientras observa a cada respiración introduciendo esta luz curativa a través de todo su cuerpo.

Si existe una zona particular de preocupación en el interior de su cuerpo, céntrese en ella ahora y permita a esta luz curativa que la rodee, la cubra y la atraviese. Diga a esta zona de su cuerpo: «Te amo, ahora eres libre para ser perfecta. Toda la oscuridad ha desaparecido.» Mantenga esta sensación y la nutrición de esa zona particular de su cuerpo durante unos pocos minutos más. Simplemente, deje que se funda con la luz.

Reconozca y repita mentalmente conmigo: «Sé que esta luz que llena todo mi ser en este preciso momento es la pura y perfecta luz curativa de Dios, la fuerza vital del espíritu puro y perfecto. Dios es luz y en él no hay ninguna oscuridad. Esta luz es mi luz ahora y para siempre.»

Es hora de hacer descender por un sendero en el bosque a la luz brillante y maravillosa que llenó su cuerpo. Las hojas verdes están moteadas por la luz del sol, que se filtra hacia abajo hasta la senda musgosa. Sienta el aire frío y suave sobre su piel. Huela la delicia de la tierra. Oiga los sonidos del bosque asociándose con toda clase de vida. Aspire y espire esa vida profundamente. Deje que esta vida fluya libremente a través de usted. Mientras avanza, sienta que la luz brillante que llenó su vida intercambia energía y amor con todas las formas de vida que encuentra cuando continúa marchando por el sendero. Usted forma verdaderamente una unidad con el conjunto de la naturaleza.

Cuando más adelante llega a un soleado claro cubierto de hierba, ve un indicador que dice: «Mi Día Más Saludable». Avance hacia el calor de ese día maravilloso ahora. ¿Cuántos años tiene usted? ¿Qué prendas viste? ¿Qué está haciendo con toda esa energía? Observe a su cuerpo moverse en respuesta a cada una de sus órdenes. ¿Cómo resulta ser fuerte, vibrante y rebosante de vida y vitalidad? Forme en su mente una imagen permanente de esta sensación dinámica, respirándola profundamente con cada átomo de su cuerpo. Manténgala allí como si estuviese delante del foco de una cámara y active el obturador de su mente. Libere su respiración, pero conserve esa sensación. El recuerdo que produjo esa sensación sólo fue un pensamiento. La sensación que produjo no fue una sensación del *pasado*. La sensación de salud, vibración y vida es real dentro de usted *en este preciso momento*. Ese pensamiento vibrante y esa sensación saludable son claramente grabadas en su mente ahora y puede recrearlos en cualquier momento que los rememore.

Lleve esta energía dinámica con usted de regreso al sendero del bosque al otro lado del claro. La sombra fresca sobre su piel resulta sedante. Aspire en la paz silenciosa y sosegada, y sienta el crujido de las hojas caídas y de los guijarros pulidos debajo de sus pies mientras camina hacia un pequeño templo en una arboleda de imponentes plantas siempre verdes. La señal aquí dice: «Mi cuerpo, Templo de Sabiduría». La puerta se abre de par en par suavemente cuando usted se acerca y entra. Aquí hay un teatro de vídeo con tecnología artística y la película está preparada. Cuando las luces se amortiguan, se da cuenta de que usted *es* su «Cuerpo de Luz», espíritu puro y perfecto, eterno, entero, impecable y completo, justo en el lugar en que está sentado. Sabe que la imagen proyectada sobre la pantalla no es más que su caparazón físico externo de piel y sangre, huesos y cabellos, y las partes necesarias para mantenerlo funcionando.

Observa el asombroso proceso que se está desarrollando. La respiración se realiza con facilidad, de manera natural, llevando oxígeno dador de vida sin ningún esfuerzo consciente de su parte. La sangre toma el oxígeno y alimenta a cada átomo sin su supervisión. Cada órgano sabe cómo efectuar su trabajo con precisión, sin instrucciones, asegurando un hogar físico para esta experiencia tridimensional llamada vida. ¡Qué milagro!

Ahora pregunte a su cuerpo qué tiene para enseñarle. ¿Dónde hay bloqueos que deben ser vencidos? ¿Qué estoy reteniendo? ¿Qué parte de mí necesita más nutrición, más amor? ¿Cómo puedo ser más flexible? ¿Cómo puedo concentrar el estrés en poder? Cuando ha formulado sus propias preguntas, espere las respuestas. Éstas llegarán. Ahora tómese un momento para observar la pantalla y escuchar la información que necesita...

Ahora haga lo que está dispuesto a hacer para perfeccionar la imagen que aparece en la pantalla. Pida disposición para cambiar las cosas, borrar los errores y crear la imagen perfecta.

Ahora es el momento de marcharse. Si no ha recibido sus respuestas, no se preocupe. Llegarán la próxima vez o de otro modo. Ahora lleve su cuerpo de luz hasta la pantalla e introdúzcase en la forma física que hay allí. Deje que su imagen camine por el borde de la pantalla, fusionándose con el cuerpo de luz pura que usted es, y regrese en este momento. Despierte, alerta y sintiéndose estupenda.

*Mona O'Neal pertenece a la Ciencia Religiosa de Vista, California. Escribe y dirige talleres sobre meditación, visualización, autoestima y cuestiones de crecimiento personal.*

# Burbuja rosada

Guía: Shakti Gawain

*«Esta meditación es simple y maravillosamente efectiva.»*

## Introducción

Esta meditación explica el proceso mediante el cual usted puede mejorar, expandir y disfrutar su imaginación. Esta herramienta creativa se halla disponible para ayudarle en todos los aspectos de su vida. La meditación siguiente es una lección para «liberar» deseos, que a menudo no logran manifestarse porque los sujetamos con demasiada fuerza.

## El viaje

Siéntese o acuéstese cómodamente, cierre los ojos y respire de manera profunda, lenta y natural.

En forma gradual, relájese más y más profundamente.

Imagine algo que le gustaría manifestar. Imagine que ya ha sucedido. Represéntelo en su mente tan claramente como sea posible.

Ahora en su imaginación envuelva a su fantasía con una burbuja rosada; coloque su objetivo en el interior de la burbuja. El rosa es el color asociado con el corazón y si esta vibración de color envuelve cualquier cosa que visualice, hará llegar hasta usted sólo lo que se halla en perfecta afinidad con su ser.

El tercer paso es dejar en libertad la burbuja e imaginarla flotando en el universo, mientras sigue conteniendo su visión. Esto simboliza que está «liberándose» emocionalmente. Ahora es libre de flotar en el universo, atrayendo y reuniendo energía para que se manifieste.

No hay nada más que usted necesite hacer.

*Shakti Gawain, autor de las difundidas obras* Creative Visualization *y* Living in the Light, *brinda explicaciones claras y guía práctica para cualquiera que desee desarrollar su intuición y aprender a seguirla, utilizando sus aptitudes creativas al máximo.*

# Sam y Sammy

Guía: Suzanne McGlamery

*«La energía del delfín es respetada como curativa y apacible.»*

## Introducción

Los delfines tienen aptitudes sumamente desarrolladas para buscar y detectar a través de sensaciones vibratorias, y por ello se han convertido en los guías para este viaje, que fue creado mientras yo estaba realizando una exploración de mi cuerpo mental, o intuitiva, en busca de ciertas células malignas. La idea se basa en el concepto de que nuestros cuerpos nos darán la información que necesitamos y pedimos.

## El viaje

Usted está a salvo, seguro de sí mismo y en control de la situación. Se halla centrado en la alineación del cuerpo y es consciente de la enfermedad que temporariamente ha invadido su cuerpo. Es hora de destruir todas esas células malvadas. Utilice las herramientas de la naturaleza para examinar cuidadosamente su cuerpo con el objeto de localizar y curar, con las fuerzas del universo, a las células que corren desenfrenadas. Estas células aparecen como zonas sombreadas. Vea a su cuerpo desde arriba y hágale una radiografía. La intuición y la visión interior le mostrarán dónde están las zonas sombreadas. Las zonas sombreadas son pequeños puntos oscuros casi del tamaño de una moneda de cinco pesetas. Imagine a su cuerpo como un océano, húmedo, fluyendo libremente. Vea a los vasos sanguíneos que hay en el cuerpo como ríos y arroyos. Estos ríos y arroyos viajan desde todos los puntos para alimentar este océano. Comenzando en el depósito de la cabeza, usted permite que entren dos criaturas. Son los delfines llamados Sam y Sammy. Usted ve a los delfines nadando en forma juguetona y espontánea; sus cuerpos bruñidos relucen cuando nadan hacia un lado y otro, dando vueltas. Recorren los ríos y arroyos seleccionando las células mal formadas con su sonda de ultrasonidos. Su intuición les muestra dónde enviar energía, centrándose en las células y purificándolas. Usted confía en Sam y Sammy, liberándose de toda sensación consciente, simplemente estando con lo que se halla allí en ese momento. Mientras se desplazan y se acercan a las células mal formadas, los delfines se detienen y las rodean. La zona sombreada se agranda cuando entran los delfines. Con un haz de luz blanca curativa, envían su energía. El haz de luz blanca curativa se origina en la parte inferior de sus cuerpos y sale a través de sus hocicos. La energía emitida por los delfines erradica rápidamente a la célula, iluminando toda la zona sombreada. Los delfines saltan de alegría. Permanecen en el lugar hasta que no queda ninguna zona sombreada. Cuando se marchan, la dejan limpia de cualquier célula mal formada. Descanse con la seguridad de que, sin que usted lo sepa, los delfines continúan su misión curativa.

*Suzanne McGlamery es una diseñadora de interiores y madre de cuatro hijos que está celebrando su duodécimo año de buena salud desde que le diagnosticaron un cáncer de mama. Ha practicado la visualización fielmente a lo largo de estos años y cree que sus efectos son muy eficaces.*

# Estrellas curativas

## Guía: Larry Moen

*«Purifique su organismo con la energía de un millón de estrellas.»*

**Introducción**

La disposición receptiva a la información que pueda resultar de estas imágenes es importante. Puede desear no condenar, criticar, juzgar o analizar la información, sino elegir absorberla y dejarla fluir a través del cuerpo magnífico en el cual se aloja su alma.

**El viaje**

Cierre los ojos. Aspire lenta y profundamente, conteniendo la respiración..., luego deje salir el aire. Vuelva a aspirar, conteniendo la respiración..., y cuando espira libere cualquier tensión que se haya desarrollado, a fin de estar total y completamente relajado en cada parte de su cuerpo.

Imagine una noche iluminada por la luna con millones de estrellas. Céntrese en la estrella más brillante que vea. La estrella destaca como algo muy especial. En forma súbita, la estrella estalla en un millón de trozos que caen sobre usted bañándolo muy suavemente. Usted siente solaz, calor y un resplandor de paz. En ese momento, sienta el calor procedente de los trozos cuando éstos lo envuelven como un manto.

**Pausa**

Ahora visualice numerosas estrellas pequeñas, brillantes, blancas, aspirando a través de la base de sus pies. Estas estrellas de curación suben por sus piernas de un modo vibrante, acumulándose en mayores cantidades hacia sus caderas. Aparecen cientos de estrellas subiendo por su abdomen, viajando a través de su pecho, de sus hombros, y ahora por sus brazos hasta sus manos. Siguen entrando por sus pies miles de estrellas curativas, suaves, sedantes, blancas, que ahora llenan su cabeza. Usted les da autorización para que lo curen, mientras ellas comienzan a entrar gradualmente en su cuerpo, que las absorbe a todas y a cada una. Ahora centra su atención en sus pies, donde el proceso se repite.

Las estrellas vuelven a entrar formando remolinos, subiendo a través de sus pies. Sus piernas están llenas de cientos de estrellas maravillosas. Contiúan ascendiendo entrando por su pelvis, sus nalgas, su espalda, su pecho, acumulándose por miles. Continúan ascendiendo a través de sus hombros, brazos y manos, volviendo a subir por sus brazos hasta su garganta y en dirección a su cabeza.

Esta vez, antes de que las estrellas se desvanezcan, usted coge a las más fuertes de ellas y las reúne en una pelota localizada sobre el lado derecho de la zona de su estómago. Reúnalas desde su cabeza, brazos y piernas, y envíe la pelota a una misión de reconocimiento hasta una zona de su cuerpo en la cual siente algún dolor o molestia y que le gustaría curar. Deje que esa zona absorba cientos de estas estrellas en su disposición por curar ese punto de su cuerpo.

Ahora vuelva a actuar sin la ayuda de nadie, visualice otro grupo de estrellas entrando por sus pies hasta llenar todo su cuerpo.

Miles de haces de luz blancos, maravillosos, curativos, sedantes, iluminan desde sus rutilantes estrellas blancas. Vuelva a reunir a las más fuertes en la zona inferior de su estómago sobre el lado derecho. Permita que cientos de esas fuertes estrellas curativas encierran a la pelota. Envíelas al mismo lugar o posiblemente a otro sitio; deje que el punto absorba a las estrellas curativas más fuertes y déjelas crecer gradualmente en esa zona...

Cuando esté preparado, abra los ojos y encuéntrese de regreso a la conciencia total. Felicítese por mejorar su salud. Agradezca a sus estrellas de la suerte.

# Soldado de luz

Guía: Larry Moen

*«Declare la guerra a su dolor de cabeza.»*

## Introducción

El dolor es algo compartido por todos. Algunas personas parecen tener una mayor tolerancia que otras. ¿O fingen? Tal vez todos tenemos gran tolerancia, pero no hacemos uso de nuestras aptitudes curativas. En cambio, generamos una baja tolerancia tragándonos sentimientos y emociones. Permitimos que esos sentimientos no expresados hagan estragos en nuestro ser. Cuando nuestros cuerpos ya no pueden soportar más, nuestros sentimientos hacen erupción en lo que percibimos como dolor físico.

Mire más allá de usted mismo hacia cosas mayores. Cuando elimine el ser exterior y llegue a ser sólo alma, verá con claridad las profundidades de todo y ya no sentirá más el dolor.

## El viaje

Aspire y ensanche su pecho hasta duplicar su tamaño... Ahora espire y redúzcalo a la mitad de su tamaño... Aspire ensanchando todo su cuerpo... Espire reduciendo su forma hasta la mitad de su tamaño... Aspire ensanchando... Espire reduciendo incluso más... Aspire ensanchando... Espire reduciendo hasta hacerlo más pequeño, y permita a su pequeño cuerpo que entre en el tronco de su cerebro... Observe los cielos azules y las ondulantes colinas verdes. Sienta la energía de la vida en el color verde. Esta energía le da la sensación de bienestar y salud cuando se irradia desde la zona de su corazón, enviando una vibración renovadora a través de su sangre ascendiendo hacia su cerebro. Ve colores apagados rosa y pastel convertirse en rosado... siente la calidez y el ardor a través de todo su cuerpo. Ahora están en su mente... las colinas ondulantes del cerebro.

Ahora unte su pequeño ser con luz blanca, con la maravillosa luz curativa. Ahora vea a esa luz tomando la forma de un soldado diminuto. En este momento usted está resplandeciente y radiante ante la luz blanca que está enviándole su ser consciente.

Caminando por el sendero que baja de las colinas, observa las grietas. Camina más y más profundo a través de los valles que hay en el cerebro hasta el punto del dolor. Observa el terreno. Está preparado para aliviar el dolor...

Acoraza a su soldado de luz blanca con ira y determinación para aumentar la energía. Camina más y más rápido, casi a paso de marcha, hacia el dolor. Está preparado para aliviar el dolor. Está trepando y empujando, haciéndose más y más fuerte, y empujando hacia adelante y arriba.

Usted está en el claro y ve el dolor. Declara la guerra contra el dolor. Levanta la palma de su mano e ilumina todo el campo de batalla con la luz blanca. Se alza enfrentando al dolor con la cabeza alta, observando la luz blanca difundiéndose mucho más allá del campo de batalla.

Ahora deje que la luz penetre en el dolor y dígase: «Ya no más dolor. Soy más fuerte que tú. Yo soy tú y deseo que ceses el dolor». Con ese deseo de determinación el dolor se congela, partiéndose y rompiéndose en muchos trozos... Usted junta con sus manos esos trozos congelados. Domina su propio dolor. Sostiene los trozos por encima de su cabeza e inclinando el brazo hacia atrás, los arroja al exterior, donde son transformados en energía pura y limpia. Ahora siente a su soldado sobre una piedra de gran tamaño, donde estará apostado en forma permanente, meditando sobre la luz interior siempre disponible para servirle.

Su soldado de luz blanca es pureza, bondad y amor, y representa todas las cosas buenas. Si el dolor comienza, pida a su soldado que lo combata repitiendo el proceso. Envíe un rayo de luz blanca hacia el dolor, envolviéndolo y congelándolo. Luego véalo partirse y caer en muchos trozos. Vuelva a juntarlos y envíelos a la atmósfera exterior, donde el aire los destruirá una vez más.

Deje allí a su soldado de luz blanca para presentar batalla al dolor si llega a regresar. Pues su soldado de luz blanca es más fuerte que el dolor y lo vencerá en combate en cada ocasión, hasta que éste finalmente se entregue y pierda la guerra.

Si el dolor decide regresar en otra zona, deje a su soldado de luz en el lugar donde ha ganado, pues ése es el puesto de base en su vida. Inicie un nuevo viaje volviendo a comenzar en el tronco del cerebro. Envíe otro soldado de luz hacia la nueva zona para vencer y dominar al dolor nuevo. Siempre puede convocar tantos soldados como necesite para ganar por completo la guerra contra el dolor.

Al saber que los soldados están preparados para protegerlo de día o de noche, ahora puede abandonar el tronco de su cerebro y regresar a su cuerpo. Cuando vuelva a ser consciente de su respiración, deje que su cuerpo se ensanche con cada respiración. Irá haciéndose más y más grande hasta que vuelva a ser plenamente consciente de usted mismo, sentado o acostado. Estírese y disfrute con la comodidad que siente su cuerpo.

# Semilla de luz

Guía: Larry Moen

*«Ver la luz en usted mismo es ver más allá de todos los seres.»*

## Introducción

Esforzarse por alcanzar un estado de esclarecimiento es un camino de toda la vida, que se alcanza más efectivamente al liberarse de su mente pensante y escuchando a su corazón. Mientras usted viaja con la luz, llega a formar una unidad con el universo y verá más allá de este nivel terrenal.

Cuando obtiene discernimiento, llega a ser consciente de la importancia de la gratitud en la búsqueda de luz. Mientras recorre el sendero hacia la luz, también descubre la libertad. Siente la extensión del universo. Comprueba que no existe ningún límite, ninguna temperatura, ninguna emoción o limitación. Descubre nuevas experiencias sutiles y sensaciones inexpresables.

Apreciará y sustentará la experiencia humana, pero será atraído hacia el sendero que conduce a la luz y al goce eternos. No siempre es un sendero fácil, pero sus recompensas son la libertad, la seguridad y el amor.

## El viaje

Comience por hacer unas pocas respiraciones profundas, liberando tensión y molestias cuando espire. Ahora sea consciente de los diferentes músculos de todo su cuerpo. Cuando espire, libere cualquier tensión en sus músculos y deje que lleguen a estar más y más pesados mientras usted alcanza un estado de relajación más y más profundo. Deje que una manta de cálida relajación se extienda sobre su cuerpo y permítase sumergirse en ese lugar tranquilo en el interior de usted mismo. Su cuerpo se siente cálido, pesado y profundamente relajado. Su mente llega a estar serena y apacible. Usted está preparado para iniciar su viaje interior.

Ahora relaje su respiración y empiece a imaginar cómo podría abandonar este nivel físico y viajar a través de su ser hacia la luz. ¿Quién compartirá la luz con usted?

Empiece ahora a visualizar un guía que aparece para ayudarle a lograr esta unidad con el universo. Vea a este guía entregándole un libro de sabiduría. Observe el aspecto que presenta este guía, cómo está vestido y con qué afectación se expresa. Sepa que este guía asegurará su conexión con el nivel físico cuando usted viaje hacia la luz durante este viaje.

**Pausa**

De momento, su cuerpo carece de importancia. Lo constriñe y limita. Imagine que coloca su mano en el perfil del cuero cabelludo encima de su frente y suavemente se quita la máscara. Tire hacia abajo la máscara de su rostro desde la parte superior. Despréndala con facilidad. Ahora mire el interior... ¿Qué ve?

**Pausa**

Ahora visualice que se quita el resto de su cuero cabelludo y de su cabeza. Ve un vacío. Ve la inmensidad. Su cuerpo todavía está allí en su forma física. En cualquier momento puede elegir despertarse simplemente haciendo una respiración profunda y diciéndose: Ahora soy totalmente consciente. Y será consciente de todo su cuerpo, como siempre.

Ahora vamos a proseguir suavemente. Permita que su cuerpo y su piel se derritan como si fuesen de cera y caigan al suelo... (Sea consciente de su cuerpo de luz fundiéndose con el aire.) Cuando los huesos, los músculos y todos los aspectos materiales de su ser están yaciendo sobre el suelo, usted advierte un haz de luz blanca, que representa a su alma, o a Dios, o a un Poder Superior, o a cualquier entidad que usted elija. Su cuerpo se ha soltado y se ha abierto a esta luz de amor y calor interior. Ahora concentre sus esfuerzos sobre esta luz blanca y en este momento llegue a ser la luz blanca. Visualícese como este haz de luz blanca. Usted está en el centro de ese haz. Usted es el núcleo. Usted es la semilla de luz.

**Pausa**

Observe al guía que ha elegido para que le acompañe. Su guía ya ha experimentado lo que usted está pasando y le hace compañía para brindarle seguridad, amor y compasión. Su guía lo alimenta a través de su tiempo de exploración y transformación.

Usted ha llegado a ser la semilla de luz. Permítase flotar. Permítase experimentar. El guía que ha elegido se arrodilla a sus pies y aguantará su cuerpo en descanso conectado con la tierra. Mientras se permite viajar hacia el espacio, concédase más y más libertad para marcharse.

## Pausa

Experimente la alegría, el amor y el afecto que es la verdadera naturaleza de toda vida. Usted está aquí para compartir y difundir la luz. Está aquí para ser uno con el universo, para entrar en contacto con todas las fuerzas vitales y llegar a estar unido con ellas. Ver claramente es ser esclarecido... Ser esclarecido es ser intuitivo... Ser intuitivo es obtener sabiduría... Obtener sabiduría es el más grande de todos los dones, pues la sabiduría es lo que todos compartimos... Estar unido con todas las almas del universo es el objetivo último en nuestras vidas. Por consiguiente, vaya en paz y esté gozoso. Deje en libertad a su cuerpo físico y abrace a la luz. Viaje hacia el interior y hacia lo alto con la luz.

## Pausa

Cuando hable, hable de pensamientos agradables. Comparta el don del amor con todos los seres que conoce. Usted es uno con todas las cosas vivientes. Usted es la luz... Sea de luz y llegue a ser el amor... Llegue a ser amor y esté unido con todo lo que existe.

*Larry Moen es el editor y la fuerza impulsora que se halla detrás de la serie «Meditations». Como veterano de Vietnam, Moen ha sido consciente de que los acontecimientos emocionales significativos pueden influir en la vida de uno. Descubrió que la programación del pasado desde la infancia en adelante puede ser curada y transformada utilizando los poderes de la meditación guiada. A continuación, emprendió un estudio intensivo de la visualización guiada que incorpora en su trabajo con el T'ai Chi, el yoga y la autohipnosis. En la actualidad dirige grupos de meditación, participa en seminarios y ha grabado cintas magnetofónicas de música y meditación.*

# Afirmaciones para despertar al sanador

Guía: Michael K. Wilson

## Mañana

Esta mañana me despierto a expresiones de autoestima mayores y más profundas.

Estoy totalmente en paz «interior».

Permito al poder curativo de la autoestima generar salud, riqueza y felicidad en mi vida en este momento.

El amor cura. Yo soy amor. Yo estoy curado.

## Día

Hoy renuncio amorosamente a toda ira, culpa y juicios que he dirigido hacia mí mismo o hacia los demás.

En este momento resulta seguro para mí avanzar y llegar más allá de todo pensamiento negativo y limitado, y adentrarme en el poder curativo del amor incondicional por mí mismo y por los demás.

## Noche

Mientras duermo esta noche estoy bañado por el poder curativo de la autoestima.

Permito a mis pensamientos que sean libres esta noche mientras yo llego a ser una unidad con la fuerza «interior» infinita.

Soy todopoderoso y ahora utilizo este poder para curar todas las áreas de mi vida.

# Sanador Interior

Guía: Michael K. Wilson

*«Un camino para despertar sus propias aptitudes autocurativas naturales.»*

## Introducción

Esta meditación guiada puede producir un apacible estado mental y una conciencia ampliada de su potencial curativo interior. Puede ayudar y apoyar los esfuerzos para lograr y mantener resultados positivos en todas las áreas de su vida. Para obtener mejores resultados, esta meditación debería utilizarse diariamente durante noventa días, con el objeto de contribuir a cambiar su conocimiento de sí mismo y su mente subconsciente en un estado ampliado más positivo de autoestima y autocuración. Esta meditación ha sido empleada en forma extensiva por personas con SIDA y otras enfermedades que amenazan la vida.

## El viaje

Encuentre un lugar en el cual no exista la posibilidad de que sea molestado. Elija un sitio tranquilo donde pueda acostarse y estar muy cómodo y relajado.

Cierre los ojos y centre su conciencia en su respiración. No haga ningún intento por cambiarla o alterarla, simplemente llegue a ser consciente de ella. Siga a la respiración cuando el aire entre por sus fosas nasales, descienda hasta sus pulmones y empuje el pecho hacia afuera y atrás, y nuevamente hacia afuera. Observe cuán sedante y relajante es la respiración.

Centre su conciencia en la energía que está en su respiración. Una vez más siga a esta energía que está en su respiración cuando entra en el cuerpo, llena los pulmones y empuja el pecho hacia afuera y atrás, y nuevamente hacia afuera. Llegue a ser consciente de su propio proceso de respiración, y esto coloca al poder y la energía de su fuerza vital en sus pensamientos. La energía divina está en cada respiración que realiza. Ahora, con cada respiración que efectúa comienza a liberar toda la tensión y todo el estrés de su mente y de su cuerpo.

Su mente subconsciente es la constructora de su sistema inmune mental y de su cuerpo físico. Tiene el poder de curarle, y sus pensamientos son la fuerza que está detrás de ese poder.

Con cada respiración que efectúa usted está seguro, rodeado, protegido y divinamente guiado por la inteligencia infinita y el amor incondicional infinito procedente del interior. Si usted ha estado negándose la autoestima, la autoaprobación y la autoaceptación en su vida, ya sea a través de la culpa, la vergüenza, la ira y la falta de perdón para usted o para los demás, ha estado bloqueando el poder curativo ilimitado del sanador interior. Vamos a avanzar dejando atrás toda la culpa, la vergüenza, la ira y la falta de perdón, y vamos a liberar todas las ilusiones falsas generadas fuera del miedo. Vamos a dejar atrás todas las restricciones y todas las limitaciones, y usted va a utilizar el poder curativo ilimitado del amor por uno mismo como el vehículo para viajar hacia dentro y despertar a ese grandioso y espléndido curador interior.

Cada faceta singular de su realidad física y todas sus experiencias proceden de una fuente única infinita. Esa fuente es usted. Es eterna y está más allá de todo límite en su energía para generar su propia realidad y sus propias experiencias.

Vuelva a centrarse en su respiración, y esta vez observe la relajación completa y total que está comenzando a fluir en toda su mente y en todo su cuerpo con cada respiración que realiza. También es hora de que usted comprenda que ésta es la vía de acceso hacia el interior.

## Pausa

Vamos a entrar a un nivel de conciencia y autoconocimiento más elevado, donde entenderá plenamente que usted es ilimitado en su capacidad para utilizar el poder de su mente para curar su cuerpo físico y todas las áreas de su vida. Este poder curativo nunca ha estado fuera de usted, sino que siempre se ha encontrado en su interior.

Usted va a salirse de la programación masiva, del pensamiento masivo y del control masivo, y entrará en el autoconocimiento individual, en el poder individual y en la libertad individual. El cuerpo se cura a sí mismo constantemente. Es un sistema de autocuración, de autorregulación, y usted es la fuente del poder que se halla detrás de este sistema. No existe ninguna diferencia entre la energía que moldea sus ideas y sus experiencias, y la energía que lo cura cuando está enfermo. Esta energía y este poder curativos proceden de una fuente infinita ilimitada, y esa fuente siempre se ha alojado dentro de usted.

Ahora usted puede convocar a esta fuente para que le ayude en el proceso curativo. No hay ni tiempo ni espacio para sus pensamientos. Sus pensamientos no son finitos; sus pensamientos son infinitos. Todos estamos interconectados con la misma fuente infinita e ilimitada que se halla dentro de cada uno de nosotros. Todos somos parte de una creación magnífica. Todos tenemos una mente y toda curación es autocuración. Mi energía curativa para usted –mis pensamientos positivos, afectuosos, creativos sobre usted– está dirigida hacia y a través del mismo poder ilimitado del cual cada uno de nosotros es una parte. Porque usted también es una parte de él, esta energía tiene un efecto curativo positivo sobre usted, sea o no consciente de ello. Los pensamientos realizan la curación.

## Pausa

Ahora, una vez más, céntrese en su respiración. Una vez más observe la respiración cuando el aire entre en el cuerpo, descienda hacia los pulmones y empuje el pecho hacia afuera. Tome esta energía relajante y envíela a sus pies. En este momento todo estrés y toda tensión salen por sus pies. Reconozca esta energía relajante que ha flotado en sus pies moviendo suavemente los dedos. Haga esto ahora. Mueva suavemente los dedos de sus pies. Ahora lleve esta energía relajante hacia arriba en dirección a sus pantorrillas, rodillas y muslos. Todas esas zonas están completamente libres de todo estrés y de toda tensión. Sus piernas están comenzando a volverse muy, muy pesadas. Ahora haga subir esta energía curativa hasta sus genitales, nalgas, cintura, estómago, pecho y hombros. Ahora todas esas zonas están completamente inundadas con esta energía relajante y todo el estrés se ha disuelto. Haga descender esta energía relajante hacia sus brazos, antebrazos, muñecas, manos y dedos. Ahora todas esas zonas están muy, muy pesadas y muy relajadas cuando esta energía relajante fluye a través de sus brazos, manos y dedos. Reconozca esta energía relajante moviendo suavemente los dedos de las manos. Realice esto ahora: mueva suavemente los dedos de las manos.

Haga ascender esta energía relajante hacia su garganta, cuello, mandíbula, boca y zona alrededor de la boca. Reconozca la energía relajante que está inundando esas zonas abriendo suavemente los labios y permitiendo que entre algo de aire. Lleve hacia arriba esta energía relajante hasta sus mejillas, ojos y párpados. La zona alrededor de los ojos y la frente. Ahora toda su cara y todos sus rasgos y expresiones faciales están muy, muy apacibles y muy, muy relajados cuando esta energía relajante inunda todo su rostro. Ahora envíe esta energía relajante hacia su cuero cabelludo; sienta un hormigueo en su cuero cabelludo con esta energía relajante.

Envíe esta energía hacia la base de su cuello. Ahora todo su cuerpo está absoluta y completamente relajado. Ahora el cuerpo está yendo hacia un sueño profundo, profundo... El cuerpo llega a estar muy pesado, muy relajado..., liberando todo estrés y toda tensión..., volviéndose más relajado que nunca.

Visualice en su imaginación que está yendo a la deriva y flotando en el inmenso vacío del espacio. Simplemente yendo a la deriva y flotando hacia abajo, hacia abajo, hacia abajo. Libere y concédase una relajación total mientras va a la deriva descendiendo más y más profundamente, y más hacia abajo, hacia abajo. Muy apacible, muy centrado y equilibrado y muy, muy relajado. Yendo a la deriva hacia abajo, hacia abajo, hacia abajo. Está preparado para emprender su viaje hacia el interior y alinearse con la fuente interior infinita que ha creado todas las cosas, llegando a formar una unidad con esta fuente y este poder magníficos. Sabiendo que en realidad usted siempre ha sido una unidad en lo mismo. Yendo a la deriva y flotando hacia abajo, hacia abajo... Usted está muy, muy relajado.

**Pausa**

Ahora recitaremos algunas afirmaciones de amor, poder, fuerza, salud, riqueza y felicidad para ratificar y adoptar su nuevo pensamiento creativo, su libertad y el sanador interior. Silenciosamente vocifere estas afirmaciones en su mente:

«Ahora irradio el poder curativo del amor incondicional por mí mismo y por los demás. Ahora mi corazón está abierto para enviar este amor y aceptación a los demás. El poder para curar con amor es ilimitado y ahora utilizo este poder ilimitado para curarme a mí mismo. Ahora dejo atrás todo pensamiento limitado y negativo, y toda la negatividad fluye en este momento a través de mí sin afectarme. Ahora me resulta fácil perdonar a los demás y liberarme del pasado. Cuanto más amor, energía curativa y pensamientos envío a los demás, más recibo. Ahora asumo afectuosamente mi sexualidad con una afirmación curativa de autovaloración, autoaceptación, autoaprobación y amor por mí mismo. Ahora libero toda la vergüenza y toda la culpa que he dirigido hacia mí mismo o que he permitido que los demás dirigiesen hacia mí respecto de mi sexualidad. Ahora aprecio mi sexualidad como un don magnífico y estupendo. Amo y apruebo lo que soy, y lo que soy es de una gran belleza y de una gran fuerza.

»Ahora sé y entiendo que no existe absolutamente nada que no pueda ser creado por el pensamiento y que no haya sido creado por él. Sé que mis pensamientos son los bloques de construcción de mi futuro. Ahora elijo pensamientos de salud, riqueza y felicidad.

»Ahora avanzo en la vida. Afectuosamente dejo atrás el pasado. Me libero de él; lo dejo ir. Está acabado y soy libre. Estoy libre de la enfermedad; estoy libre de todas las restricciones y de todas las limitaciones. Ahora tengo libertad total para crear amor, salud, riqueza y felicidad en todas las áreas de mi vida.»

Mientras continúa yendo a la deriva, hundiéndose más y más profundamente, libere, entregue y deje todo atrás.

«Ahora he liberado toda ira, todo resentimiento, todo miedo, toda culpa y toda duda, y ahora dejo ir esas emociones negativas. Ahora genero perdón, afabilidad, felicidad, salud, prosperidad, paz interior y total autoestima incondicional y autoaceptación en mi vida. Ahora traigo hasta mí todo lo que necesito para ser, todo lo que soy capaz de ser. Hago que la luz que está dentro de mí ilumine con más y más brillo. Estoy agradecido por mi vida. Me amo. Y siempre me amo y me apruebo. Soy fuerte, soy amable, soy afectuoso y estoy protegido y guiado divinamente. Estoy en paz con el mundo. Estoy en paz conmigo mismo. Estoy en paz con la vida.»

Ahora una afirmación que le durará tanto tiempo como viva. Dígase: «Con cada respiración que realizo, ahora respiro en mi cuerpo y en mi vida el aliento de la autoestima incondicional, de la autoaprobación y de la autoaceptación».

Ahora ratifique esto haciendo una respiración profunda, llenando los pulmones y el cuerpo con autoestima incondicional. Esta afirmación estará funcionando para usted cuando esté despierto, cuando esté dormido, sea o no consciente de ella. Con cada respiración que realice ahora, ratificará la autoaceptación, la autoestima y la autoaprobación en todas las áreas de su vida.

Ahora usted es completamente inmune espiritual, física, mental, emocional y económicamente a cualquier persona, lugar, idea, creencia o experiencia negativos que puedan estar a su alrededor. Autoestima es autoaceptación, autoestima es autoaprobación, autoestima es autovaloración, autoestima es amor incondicional, autoestima es libertad, autoestima es el más grande de todos los amores.

Sus pensamientos afectivos y curativos por usted mismo mantendrán su mente, su cuerpo y todo su sistema inmune fuerte, sano y vibrante. Resulta seguro para quién es usted y para lo que usted es, y está curado interna y externamente. Todos los órganos y las células de su cuerpo son bañados por el poder curativo de la relajación y de la infinita inteligencia divina de su ser. Usted irradia un nivel de energía más elevado, y con este autoconocimiento, envía esta energía curativa a cada parte de su cuerpo y a cada área de su vida. Ahora sabe que tiene el poder de curar y puede convocar a este gran poder ilimitado y a este amor interior infinito para apoyarle, para ayudarle y para asistirle en su propia autocuración. En este momento a su cuerpo le está siendo devuelta la salud perfecta..., salud perfecta. Amor, paz, salud, equilibrio y armonía fluyen libremente con amor a través de todo su cuerpo y su mente. Ahora usted irradia el poder curativo del amor.

Usted ha ido hasta niveles más profundos y

más saludables de la mente en busca de curación, de rejuvenecimiento, de energía y de autoconocimiento.

Ahora, mientras va a la deriva en un sueño profundo, total y completo, continuará siendo bañado por el poder curativo de la autoestima, de la autoaceptación y de la autofacultación. Ahora usted se detiene en el ilimitado poder curativo de la infinita fuerza interior que ha creado todas las cosas. Descanse en paz, equilibrio y armonía, y cuando se despierte lo hará con alegría, salud, entusiasmo, abundancia y felicidad, con la plena comprensión de que el amor siempre ha sido el gran sanador.

# Potencial ilimitado

## Guía: Michael K. Wilson

*«Esta meditación apoya a los demás para que desarrollen su propio potencial curativo ilimitado en los niveles espiritual, mental, emocional y físico.»*

### Introducción

«Potencial ilimitado» está diseñado para ayudarle a desarrollar una mayor conciencia y comprensión de sus propias capacidades curativas. Yo sugiero que lea detenidamente la meditación una vez y luego siga los pasos como están delineados. Este viaje es especialmente útil para personas con SIDA, cáncer u otras enfermedades que amenazan la vida.

Cuanto más practique esta meditación curativa, más abierto y receptivo llegará a ser a su propia energía espiritual interior, ilimitada y creativa. Con persistencia y determinación logrará los resultados positivos que desea para el cambio permanente en su vida.

## El viaje

Encuentre un lugar tranquilo, y elija una silla muy cómoda para sentarse mientras sostiene estas instrucciones en su mano. Centre su atención y su conciencia en su respiración. Siga la respiración cuando el aire entre en el cuerpo, llene los pulmones, empuje el pecho hacia afuera y luego vuelva a salir. No haga ningún intento de controlar este proceso, simplemente llegue a ser consciente de él. Ahora permita a la respiración que relaje su mente y su cuerpo. Con cada respiración que realice libere todo estrés y tensión. Cuando llegue a estar más relajado y sea consciente de su propia respiración, esta conciencia lo despertará al poder y a la energía de la fuerza vital que se halla presente en cada respiración que realiza y en cada pensamiento que tiene.

Ahora, una vez más, siga la respiración cuando el aire entre en el cuerpo, llene los pulmones y empuje el pecho hacia afuera, volviendo a salir. Cierre los ojos y durante unos dos minutos siga la aspiración y espiración de su respiración. Cuando sienta que está preparado, apacible y relajado, abra los ojos y lea en voz alta para usted esta potente meditación curativa con deseo, creencia y expectación. Comience por saber y entender lo que puede concebir, visualizar y crear en su propia mente, y tendrá el poder y la energía para manifestarse en su vida y en todas sus experiencias.

Ya no me detengo en lo que los demás piensan de mí. Ahora entiendo que la autoaceptación y la autoaprobación comienzan «en el interior». Ahora sigo mi propio sendero con una mente abierta y con la conciencia clara de lo que es apropiado para mí. Ahora estoy liberado del pasado y de todas las experiencias del pasado, y en este momento presente reconozco amorosamente con autoestima incondicional el potencial divino ilimitado de mi ser.

Sé que mis pensamientos son el poder creativo interior y la energía que construirá y creará mi realidad externa. Soy un milagro de amor en acción y en movimiento, y todo lo que necesite me será suministrado. Ahora supero todo pensamiento limitado y negativo y me detengo totalmente en la autoaprobación y en la autoaceptación en mi vida. Ahora expreso amorosamente, con alegría y felicidad, la fuente infinita e ilimitada que siempre he albergado dentro de mí como un individuo.

Ahora, durante unos pocos momentos, una vez más siga con su conciencia de la aspiración y espiración de su respiración. Observe la relajación profunda, completa y total, que ha inundado su mente y su cuerpo en todos los niveles. Con este conocimiento y la curación, relaje la energía en su conciencia; sepa que ha realizado el viaje hacia adentro, y se ha unido y conectado con el sanador interno.

*Michael K. Wilson es escritor y enseñante de autocuración en Houston, Texas. Su trabajo está extraído de estudios con personas como el doctor Bernie Siegel, Louise L. Hay, Ann Wigmore, Shakti Gawain, la doctora Elizabeth Kubler-Ross y otros. Imparte clases en forma regular y también está disponible para dar conferencias y hacer consultas privadas.*

# Aumento del total de glóbulos rojos

Guía: Jule Scotti Post

*«Convoque los poderes de su mente más profunda para crear imágenes de glóbulos rojos produciéndose en su médula ósea.»*

## Introducción

Yo he utilizado estas imágenes para ayudar en el tratamiento del cáncer después de la quimioterapia. Pueden ser usadas en cualquier momento en que el total de glóbulos rojos de una persona sea insuficiente, lo cual se traduce en intensas sensaciones de cansancio y niveles de energía bajos.

## El viaje

Cuando comience a relajarse, sea consciente de su respiración en los momentos en que el aire entra y sale. Su pecho se levanta y luego baja. El aire fluye hacia adentro y hacia afuera de sus fosas nasales. Ahora observe la diferencia que siente en sus músculos cuando está aspirando y espirando. Observe los músculos de sus piernas y de sus pies, y sienta la diferencia en ellos cuando aspira y cuando espira. Observe los músculos de su estómago, de su pecho y de su espalda. Sienta la diferencia en ellos cuando aspira y cuando espira. Observe los músculos de sus brazos y manos, de su cuello, de su cabeza y de su rostro. Sienta la diferencia en los músculos de esas zonas cuando aspira y cuando espira. Cada vez que espire, déjese hundir más y más profundo en la relajación..., más y más profundo en ese lugar tranquilo y apacible dentro de usted, donde su cuerpo y su mente trabajan juntos en equilibrio y armonía. La parte más profunda de su mente está preparada para ayudarla en su proceso curativo. La parte más profunda de su mente tiene recursos y poderes que pueden ser canalizados a cualquier lugar de su cuerpo, siendo capaz de generar cambio y crecimiento saludables, renovando la fuerza vital en cada célula.

Ahora, en su imaginación convoque a los poderes de su mente más profunda para crear imágenes de glóbulos rojos siendo producidos en su médula ósea. Puede que le guste representar a los glóbulos rojos como enérgicas enfermeras rojas, con uniformes blancos, limpios y brillantes, fluyendo de su médula ósea y viajando hasta cada célula de su cuerpo. Vea a estas enfermeras rojas masajeando cada célula con fuertes manos cariñosas que calman y dan solaz, restableciendo el equilibrio y la energía. Cada una de las enfermeras lleva un carretón lleno de medicinas y nutrientes. Tienen remedios homeopáticos, hierbas, vitaminas y medicinas. Cualquier cosa que usted necesite está allí. Represente a esas enfermeras alimentando y nutriendo cada célula que han masajeado. En su imaginación vea a las enfermeras rojas fluyendo de la médula ósea en los huesos largos de sus piernas. Una corriente continua de enfermeras rojas fluye descendiendo hasta sus pies y dedos de los pies, y tratan cada célula..., ninguna queda sin ser tratada. Cada célula es masajeada, alimentada, nutrida, y la fuerza vital dentro de ellas es renovada y vibrante. Ahora más y más enfermeras rojas están fluyendo de la médula ósea en sus tobillos, en sus pantorrillas, en sus rodillas y en sus muslos. Nuevamente, cada célula cuida de los músculos, del hueso, del tejido y de la piel. Las enfermeras son muy concienzudas y realizan su labor curativa con amor y solicitud.

Ahora vea al flujo constante de enfermeras rojas llenando su estómago, su pecho y su espalda, subiendo hasta su médula espinal y a través de su sistema nervioso. Adonde quiera que vayan masajean cada célula y distribuyen cualquier medicina, remedio o nutrientes que son necesarios. Véalas masajeando y nutriendo a las células de sus órganos reproductivos, de sus intestinos grueso y delgado, de su hígado, riñones, bazo y estómago. Véalas masajeando y alimentando cada célula de su corazón y de sus pulmones. Observe cómo estas enfermeras rojas curativas fluyen de la médula ósea en los huesos largos de sus brazos. Nutren las células de su pecho, de sus senos, de sus hombros, brazos y manos. Cada célula es atendida, siendo completamente masajeada y alimentada. Ahora más y más enfermeras rojas, con sus delantales todavía blancos y brillantes, están viajando hasta su cuello, su cabeza y su rostro. Masajean cada célula y la llenan con nutrientes, renovando la fuerza vital dentro de las paredes de las células. Sus neuronas son inundadas con enfermeras rojas curativas, que masajean, renuevan y estimulan cada célula hasta devolverle la salud.

Cada célula de sus ojos y de sus oídos, de su nariz, boca y garganta está siendo cariñosamente masajeada y nutrida. Ninguna célula queda sin ser atendida. Cada una de ellas recibe cuidados, y ahora la fuerza vital es vibrante y plena en todas las células de su cuerpo. Si hay alguna zona de su cuerpo que necesite tiempo, atención, cuidados solícitos y curación adicionales, tómese unos pocos momentos y convoque a más enfermeras de su médula ósea y llévelas hacia esa zona. Éstas son las enfermeras más eficaces, competentes y solícitas de todas. Llevan años de habilidad, sabiduría y de profundo amor hacia esa zona de su cuerpo. Cuando las invite a acudir a esa zona, deje que cada célula se abra a su contacto cariñoso cuando las enfermeras las masajeen y las alimenten con nutrientes. Vea a la salud regresando a esa zona cuando cada célula llega a estar restablecida. Tómese tanto tiempo como necesite para curar y renovar esta parte de su cuerpo.

## Pausa

Ahora, mientras comienza a regresar de este viaje interno, vibrante, con vida renovada, estas enfermeras rojas continúan fluyendo en todo su cuerpo cuidando de cada célula, aun cuando usted no piense en ellas. Independientemente de que usted esté despierto o dormido, sea de día o de noche, las enfermeras masajearán y nutrirán su cuerpo, prestando atención especial a cualquier zona que necesite ser devuelta a la salud. Continuarán nutriendo a la fuerza vital en el interior de cada célula y estimularán el flujo de energía vital en todo su cuerpo.

Ahora vuelva a ser consciente de su respiración. Observe cómo se siente su cuerpo mientras está acostado o sentado cómodamente. Cada vez que aspire, llegue a ser más consciente del cuarto que lo rodea y de los sonidos que puede oír. Cuando esté preparado, abra los ojos, estírese y observe lo bien que se siente su cuerpo. Dedíquese a sus tareas del día o entréguese al descanso nocturno sabiendo que su cuerpo está siendo renovado y nutrido de manera constante.

# Calme su dolor de cabeza

Guía: Jule Scotti Post

*«Los dolores de cabeza provocados por la tensión normalmente responden a la relajación total.»*

## Introducción

Esta relajación puede ser utilizada para diferentes tipos de dolores de cabeza. Los dolores de cabeza provocados por la tensión normalmente responden a la relajación total y a la atención a la zona específica que duele. Las migrañas responden con frecuencia a los cambios en la temperatura de la cabeza y de las manos. Se ha descubierto que los pacientes que aprenden a calentar sus manos y a enfriar sus cabezas y rostros desarrollan más control sobre sus migrañas. Esto puede deberse a cambios inducidos en el sistema vascular. Es necesaria la práctica con esta imagen para que una persona desarrolle la habilidad para cambiar a voluntad la temperatura de la cabeza y de las manos. Se sugiere una práctica diaria durante dos o tres semanas.

Encuentre un lugar para acostarse en el que pueda descansar sin ser molestado durante el tiempo de relajación. Deje atrás todos los pensamientos del mundo que lo rodea y lleve su atención hacia usted mismo. Si es consciente de su dolor de cabeza en este momento, deje que las sensaciones dolorosas pasen y centre su atención en el proceso de relajación.

## El viaje

Comience haciendo unas pocas respiraciones profundas, liberando tensión y molestias cuando espira. Ahora sea consciente de los diferentes músculos de todo su cuerpo. Cuando espire libere cualquier tensión de sus músculos y déjelos que se vuelvan más y más pesados mientras usted llega a estar más y más profundamente relajado. Deje que una manta de relajación cálida se extienda sobre su cuerpo y permítase sumergirse en ese lugar tranquilo dentro de usted. Su cuerpo se siente cálido, pesado y profundamente relajado. Su mente llega a estar serena y apacible. Usted está preparado para iniciar su viaje interior.

Empiece por representarse sentado en una bañera de agua caliente sobre la plataforma de una bella cabaña en las montañas. Es un agradable día de primavera. El cielo es azul y usted tiene una vista soberbia a través del valle y de las montañas circundantes. Puede ver las cumbres nevadas de las montañas y las laderas cubiertas de árboles verdes. Hay pinos alrededor de la cabaña. La plataforma y la bañera están rodeados por una sombra fría y profunda. Hermosas flores de montaña crecen alrededor de la plataforma. Usted disfruta sus colores brillantes y puede oler su fragancia en el aire puro y fresco de la montaña. Puede oír el canto de los pájaros y el agua burbujeante y chapoteante en la bañera. Ahora siente el agua caliente rodeando todo su cuerpo, calmando y relajando sus músculos. Disfrute cuán maravilloso resulta todo esto.

Ahora centre su atención en sus manos. Sienta un chorro de agua caliente masajeándolas suavemente. Sienta ese calor penetrando en sus palmas, a través del dorso de sus manos, hacia sus pulgares y demás dedos. Sus manos llegan a estar más y más calientes mientras usted se siente más y más profundamente relajado. Mientras esté aquí en la bañera, permita que sus manos lleguen a estar más y más calientes, a la vez que continúa sumergiéndose más y más profundamente en la relajación.

## Pausa

Ahora apoye la cabeza cómodamente sobre el borde de la bañera y vea a alguien que se interesa por usted acercándose para ofrecerle una compresa de hielo para su frente. Ahora sienta esta compresa de hielo enfriando su frente. Sienta el frío extendiéndose sobre la parte superior de su cabeza. Sienta ese frío bajar por su rostro, llegando hasta su mentón. En forma gradual, sienta toda su cabeza llena de ese frío confortante, que alivia cualquier dolor y disipa cualquier tensión. Su cabeza llega a estar más y más fría, y sensaciones sedantes sustituyen cualquier latido o palpitación que pudo haber sentido.

Algunos dolores de cabeza son causados por la tensión. Este frío elimina cualquier tensión, dejando todos los músculos de su cabeza y de su rostro relajados y confortables. Algunos dolores de cabeza se generan cuando los vasos sanguíneos se dilatan demasiado, siendo bombeado a través de ellos un volumen de sangre superior al habitual. Este frío ayuda a los vasos sanguíneos a contraerse hasta el tamaño correcto, para permitir un flujo sanguíneo hacia su cabeza normal y confortable. Sienta ese frío ahora y vea a sus vasos sanguíneos contrayéndose para generar comodidad y armonía, para aliviar el latido, para calmar y serenar su cabeza y su rostro. A veces un dolor de cabeza puede centrarse en una zona: tal vez, la parte trasera de su cabeza cerca del cuello, sobre sus sienes o detrás de sus ojos. Lleve este frío curativo a cualquier zona donde todavía sienta dolor o molestia. Siéntalo calmando, relajando y nutriendo esa zona, de modo que ahora su cabeza se siente confortable y agradable. Deje que este frío continúe fluyendo alrededor de esta zona hasta que se hayan disuelto por completo los últimos vestigios de cualquier sensación no deseada. Ya no hay ninguna necesidad de ser consciente de esta zona. Simplemente puede tenderse de espaldas en la bañera y disfrutar de las montañas.

Ahora, mientras mira a su alrededor, recuerde que en cualquier momento en que sienta que la tensión o la molestia comienza a producir dolor de cabeza, puede rememorar esta escena y dejar que la relajación se extienda a través de su cuerpo. Si le agrada, puede imaginarse llegando a ser como una montaña coronada de nieve, con su cabeza fría, su cuerpo estable y apacible, conectado con la tierra y en armonía con la naturaleza que lo rodea. Usted tiene la fuerza interior y la sabiduría antigua de la montaña en la profundidad de su interior. Extraiga estos tesoros para su propia curación. Comparta su riqueza interior con otros que necesiten su amor y sus cuidados. Cuando usted se cura y crece tiene más para dar y más para vivir en cada momento del día.

## Pausa

Ahora, si es el momento de irse a dormir, permítase ser arrastrado hacia sueños apacibles y disfrute una noche de descanso profundo. Si es hora de continuar con sus tareas del día, regrese en este momento a su estado de mente despierta, sintiéndose alerta, renovado, confortado y fortalecido.

*Jule Scotti Post es una psicoterapeuta que utiliza la biorrealimentación y la relajación profunda en el tratamiento del estrés y del dolor crónico en una clínica médica de Maryland. Tiene un máster en Psicología de Asesoramiento y se ha preparado intensivamente en el uso de las imágenes guiadas y de la música en la terapia. Ha trabajado en la práctica privada como psicoterapeuta durante nueve años y ha practicado la meditación durante más de veinte años. Recientemente ha estudiado los principios de la medicina china y también aplica esta perspectiva a su tratamiento del dolor.*

# Mirar fijamente un cristal para la curación

Guía: Mina Jo Sirovy

*«Interrumpa sus pautas mundanas de pensamiento y conecte con el "Yo Superior" interno.»*

## Introducción

Los cristales están convirtiéndose en imágenes de curación y de la relación con nuestro creador muy conocidas. Esta meditación brinda un sendero hacia el poder curativo interno y nos recuerda el apoyo de Dios y que nos pertenecemos. Proporciona una energía curativa profunda y poderosa, y una sensación de relajación a fin de que usted pueda «liberarse». Pruebe esta meditación una vez al día durante tres semanas si en su cuerpo se manifiesta una dolencia.

## El viaje

Mientras se sienta y se relaja, permítase centrarse internamente en su respiración. Cuando aspire y espire, deje que haya un espacio entre cada respiración, una pausa que le permita simplemente estar. Cuando la calma penetre, sepa que toda su persona está tranquilizándose y relajándose. Se dejará pasar de largo sin ser analizado o atendido cualquier pensamiento que aparezca.

Cuando pide un don, encuentra albergado en su mano un cristal. Este cristal es una esmeralda de color verde y representa una bella curación que está a su disposición. Sienta al cristal volverse más caliente en sus manos mientras ambos comienzan a equiparar vibraciones y a intercambiar energía. El poder interno del cristal curativo de color verde se irradia hacia todo su cuerpo: hacia sus manos, subiendo a través de sus brazos, hacia sus hombros, cuello y cabeza. También está circulando a través de su pecho, de su plexo solar, de su estómago, de su zona pélvica y de ambos muslos, rodillas, pantorrillas, tobillos y pies. Mientras el calor se expande hacia cada parte del cuerpo, usted se relaja más y más profundamente hasta que está completamente confortable y seguro.

### Pausa

Cuando usted mira fijamente con su ojo interior, viaja con facilidad hacia el cristal encontrándose dentro de él. Todo a su alrededor son facetas de la piedra reflejando una suave luz verde. Usted se ve reflejado en los espejos sobre todas las caras y su cuerpo es atravesado por la luz curativa. Es como estar debajo de la línea de flotación en un estanque de cristalinas aguas verdes. Haces de luz/energía lo bombardean suavemente. Cuando desplaza su mirada para ver a través de las caras del cristal puede ver unas manos gigantes sosteniendo con cariño su cristal con usted dentro de él. ¿Estas manos pueden ser las de Dios? Usted acepta esas manos y confía en que sean afectuosas, suaves y acariciadoras. Esas manos sólo desean lo mejor para usted.

## Pausa

Permítase descansar confortablemente en este santuario curativo. Siéntase completamente seguro. Esta protección relajante es algo que usted siempre ha anhelado. Hay un amor incondicional fluyendo hacia su ser, y usted simplemente está «siendo» en este momento. En este punto en el tiempo usted afirma:

> «Me amo y me acepto exactamente como soy. Me libero y acepto a Dios. Pertenezco a esta paz que hay aquí. Éste es mi lugar sagrado. Honro y aprecio a mi Ser en este momento.»

Cuando usted recupera lentamente sus sensaciones externas, se da cuenta de que es hora de volver al mundo exterior. Da un adiós temporario a este refugio seguro y suavemente abandona el cristal, haciendo una fácil transferencia hacia su propio cuerpo. Usted encaja en todas sus extremidades como un guante y siente una conciencia cómoda de su ser físico. Pronto siente el cristal caliente descansando todavía en sus propias manos. Lo bendice y le da las gracias por sus poderes curativos internos y externos.

## Pausa

Permítase regresar suavemente a un mundo físico mejor, el cual está ligeramente velado con un matiz verde de relajación y expansión. Sepa que está curado y que puede emprender este día compartiendo esta sensación con todo lo que toque.

*La doctora Mina Sirovy, que reside en Oceanside, California, es terapeuta de matrimonios, niños y familias, con títulos en psicología de la Universidad de California, un título de master de la United States International University y un doctorado de The Professional School for Psychological Studies, donde también fue profesora. La doctora Sirovy es una psicoterapeuta transpersonal que se considera a sí misma un «elástico» en vez de una «contracción».*

# Amor divino y curación

Guía: Angela Passidomo Trafford

*«Experimentar el Dios interior es el viaje esencial de curación.»*

## Introducción

Ésta es la expresión de salud, alegría y paz interior que existe como una opción en el corazón de todo ser humano. Mientras trabajaba con una paciente que tenía un cáncer de pulmón, fui inspirada para ayudarla guiándola a través de estas imágenes creativas. Sucedieron espontáneamente, pero desde entonces la meditación ha ayudado a muchos pacientes en la curación de enfermedades graves. Sugiero que esta visualización se realice diariamente durante la enfermedad.

## El viaje

Céntrese en el amor divino de Dios. Permita a su cuerpo que se relaje. Sienta un bello flujo de paz, comenzando en la parte superior de su cabeza, y permita a los músculos de su cuero cabelludo que se relajen.

Permita que un flujo de paz inunde su mente, dándole una sensación de profunda serenidad, una sensación de confianza y una hermosa sensación de amor.

Sienta a este bello amor fluyendo a través de su mente y permita a su mente racional estar en paz; relájese en el nido cálido de este hermoso amor. Todo está en armonía con lo divino en su vida, en su corazón y en su mundo.

Cuando da a su mente la orden de relajarse, permítase sentir una profunda sensación de comodidad procedente de su disciplina interior. Está haciendo la elección de relajar su mente y desembocar en la fe y en la creencia. Con esta elección, está cambiando su mundo, en este preciso momento. Cuando comienza a deslizarse profundamente dentro de usted, sienta el bello flujo de paz bañando sus ojos, honrándolos como su visión verdadera, como su percepción verdadera. Permita a sus ojos estar en paz y relajarse. Sienta el flujo de relajación descendiendo hacia sus músculos faciales. Permita que una profunda sensación de paz inunde su rostro y sienta todos estos músculos ablandados, mientras usted se relaja. Está desembocando en la paz y el solaz de Dios, la fuente profunda de solaz dentro de usted. Está eligiendo viajar internamente para encontrar paz, amor y seguridad. Cuando se da cuenta de que no hay nada que temer, que está seguro, permita conscientemente que el flujo de paz y la relajación inunden su garganta y también deje que todos esos músculos se relajen. Cuando llegue a la parte posterior de su cuello, permita que esta sensación de amor y nutrición fluya a través de la parte posterior hacia sus hombros, y sienta que su cuello y sus hombros se relajan. Permita que todas las inquietudes, preocupaciones y cargas del día –cualquier carga que sienta en su vida– se escabullan con facilidad.

Visualícelas deslizándose sin dificultad desde sus hombros como un viejo manto que cae al suelo. Ahora permítase sentirse más liviano, con una sensación de libertad y paz divina.

Permita a esta bella sensación de paz que fluya

hacia sus brazos, sus codos y sus manos, mientras se relaja profundamente.

Una sensación muy sedante de confianza y relajación fluye descendiendo por su espina dorsal mientras usted ama y nutre a cada músculo de su espalda. Luego, en forma consciente, permita que el flujo de paz y amor descienda por su espalda, relajando todos los músculos de esa zona. Ahora está comenzando a sentirse muy, muy liviano; usted es un espíritu de amor, paz y alegría, mientras su cuerpo se relaja y todo el estrés y la tensión le abandonan.

Cuando comprende su naturaleza verdadera, entra en contacto con la fuente divina interior, mientras recuerda quién es usted; una sensación de poder, fuerza y apoyo dirigida a usted comienza a emerger en su interior. Usted permite emerger a este poder simplemente eligiendo amor, fe y paz. Cuando sienta este flujo de paz inundando su pecho, permita a sus pulmones que se relajen. Cuando una sensación profunda de amor y nutrición fluye a través de sus pulmones sustituyendo cualquier miedo o tensión en esta zona, sienta el amor y la nutrición inundando su corazón. En este momento, cualquier constricción o tensión abandona su corazón. Su profunda sensación de fe y confianza se centra en usted y lo conduce a la paz interior. Sienta la paz y el amor inundar su páncreas, sus intestinos y sus riñones, su hígado y su colon, en dirección a su estómago y a través de todos los órganos y huesos de su cuerpo. Cada célula de su cuerpo está impregnada de paz y amor, y usted hace una respiración profunda y los deja salir. ¡Es tan mágico y tan maravilloso relajarse en la fuente profunda del ser que es su yo verdadero! Sienta la relajación inundar su cintura y sus caderas, sus muslos y rodillas, sus pantorrillas y tobillos, descendiendo hasta las puntas de los dedos de sus pies. Usted está colmado de paz interior y amor. En este momento conscientemente entrega a Dios cualquier carga o problemas que hay en su vida y libera la fe, la creencia y el conocimiento de que todo se halla en armonía con lo divino. Todo está siendo tenido en cuenta para usted. Usted está desembocando en el río de la vida, yendo gozosamente hacia su dios superior. Cuando se relaja y permite que las cargas sean entregadas a Dios, una profunda sensación de gozo y paz interior impregna su ser. Visualiza las montañas más espléndidas. Ve la nieve resplandeciendo a la luz del sol, el azul, el azul celeste del cielo; usted se halla sobre la montaña más alta en una atmósfera enrarecida donde todo es verdad, belleza, amor y paz. Y este amor y esta paz son LO QUE USTED ES.

Cualquier dolencia que creía que residía en el interior de su cuerpo sólo fue el resultado de un pensamiento erróneo y de bloqueos negativos que ahora ha entregado al Universo, invocando la ayuda de Dios a través de la plegaria y de la meditación, utilizando las herramientas que están dentro de usted –su mente y su espíritu– para curar su cuerpo. En este momento su cuerpo está sano y fuerte, libre de toda enfermedad. Como resultado de su viaje de curación, ha encontrado un espacio dentro de usted mismo, un espacio que es alegre y apacible y está colmado de amor incondicional. Usted es valioso; merece lo mejor. Ya no hay ninguna necesidad de postergar ese bien; usted está vivo dentro de la entidad, sintiéndose poderoso y fuerte. Está lleno de amor como un bello cáliz rebosante de amor, paz y alegría. Su amor está fluyendo hacia todas las personas de su vida, y hacia todas las personas que conoció en su viaje. Está profundamente colmado con una intensa sensación de paz interior. Sabe que no está solo. Sabe que no hay nada que temer, que está a salvo y que siempre está viajando hacia su bien supremo. Está aprendiendo cómo interpretar las experiencias de la vida y volverlas en su beneficio. Está aprendiendo a esperar con paciencia y confianza hasta que aprenda más, hasta que se le revele más información. Está aprendiendo a detenerse y confiar en la fe, y luego a emprender la acción necesaria para hacer elecciones eficaces en su vida que reflejen el amor en usted mismo.

Se siente bien con usted. Siente su espíritu elevándose hacia los poderes más supremos del Universo. Elevándose en amor, paz y libertad divina, la libertad que procede de amarse a sí mismo. Su cuerpo refleja esta libertad y este amor con salud vibrante. Usted es muy apacible, poderoso, sano y fuerte. Está en su sendero en la vida, eligiendo el valor, el poder y la fuerza en cada paso que da, sabiendo que la ayuda siempre estará allí cuando la necesite, dirigiéndose a su guía y sabiduría internos cuando las opciones sean difíciles. Confía en Dios para que le ayude y fluye en la unicidad de la vida con confianza, liberándose con paz y fe. Siente la belleza y la libertad de su espíritu, la luz blanca que hay en su interior y fluye a través de su cuerpo, curando todas sus partes, desalojando al miedo y colmándolo con el amor divino y la presencia de Dios.

Puede volver a recorrer este bello espacio dentro de usted, hacia la luz divina interior. Puede vivir en la luz divina si escoge hacerlo así. Siéntase descansando en los brazos de Dios y permítase reposar. Y ahora, cuando está centrado, con una sensación de bienestar y paz interior, permítase comenzar a emerger a la conciencia, con un poder y una fuerza que llevará con usted en su vida cotidiana. Sepa que es amado y honrado; sepa que su vida está afirmando su paz interior. Y cuando se sienta confortable, cuando se sienta preparado, puede abrir los ojos.

*A través de sus propias experiencias con el cáncer, el viaje de autorrealización y la transformación espiritual, Angela Passidomo Trafford ha desarrollado el don de ver en el interior de las personas para ayudarles a transformar sus vidas, su salud y su modo de vivir. Reside en Naples, Florida, donde enseña a la gente cómo vivir a través del poder de la creencia y el amor en su práctica, la Autocuración.*

# Llave para la buena salud

Guía: Bernie S. Siegel

*«Una herramienta que le ayudará a curarse.»*

## Introducción

A medida que pasa el tiempo, hemos visto cómo la mente y el cuerpo interactúan de manera significativa y, en cierto sentido, son uno. Esto puede ser utilizado en conjunción con otros apoyos, incluyendo la profesión médica y sus fuentes espirituales. Y en muchos modos pienso que le ayudará a emplear todos sus recursos. Por lo tanto, tómese tiempo para ayudar a curarse. Usted lo merece. Usted es un don. Por consiguiente, cree para usted un lugar seguro y confortable. No tiene que trasladarse para hacer un viaje.

## El viaje

Mire hacia arriba y deje que sus ojos se cierren suavemente. Cuando esté preparado, permita que mi voz lo dirija y lo guíe a través de este intervalo curativo. Encontraremos las llaves que ayuden a abrir las puertas, que hagan la vida más fácil, que nos conduzcan a las sensaciones de salud. A veces es una lucha encontrar esa llave interior y abrir la puerta. Como sucede con todas las búsquedas, comienza en el interior de uno mismo. En un lugar muy especial, en una clase muy especial, en una escuela muy especial, la escuela de la vida. Y véase yendo a la escuela de la vida, un bello edificio; sobre las puertas observe el símbolo de la escuela de la vida y la llave para la salud. Usted no es el único estudiante dispuesto a aprender. Por consiguiente, entre a la clase y cuando llegue el maestro y le entregue el programa de estudios, repase lo que él le ha dado. ¿Cuáles son los temas? ¿Los capítulos? ¿Las diversas llaves? Porque si no da con las llaves apropiadas, su vida no sería armoniosa. Examine cuidadosamente el libro y si hay algunas llaves que sabe le resultarán difíciles, pida ayuda al maestro y tómese un momento para repasar el contenido del curso con él o quizás haya alguien que le gustaría que le enseñe. Tiene derecho a algún tiempo especial, a alguna atención individual.

Tómese un momento para absorber el contenido del curso. Quiero que se represente lo que va a suceder. El día de la graduación llega, porque usted ha estado dispuesto a hacer el trabajo y yo quiero que vea el objetivo que aparece más adelante. Mientras usted está ataviado con birrete y toga, pronuncian su nombre. Se ve subiendo al escenario. ¿Qué se experimenta? Todas las personas que forman parte de su vida están allí, aplaudiendo, vitoreando, y su maestro le entrega un diploma y una llave. Cuando regresa a su asiento, desenrolla el diploma. Y ve lo que dice respecto de lo que ha logrado y aprendido, así como las instrucciones que están allí sobre cómo utilizar la llave para la salud que le han dado. Como regalo de graduación, todas las personas de su vida le han entregado un coche nuevo y una casa nueva, y su llave es una llave maestra porque ha aprendido lo suficiente para recibirla y le servirá para poner en marcha el coche y abrir la cerradura de la casa.

Pero primero vamos a ir hasta su coche. Es importante que comencemos por explorar nuevas carreteras. Usted es el conductor y decidirá qué ruta seguir, porque sólo usted conoce el camino correcto, el sendero correcto, los carriles correctos y las vueltas correctas, y prestando atención a lo que considera apropiado, llegará a su casa. Y una vez más usa la llave para abrir la puerta de entrada y explorar la casa. ¿Hay en ella cosas que necesitan ser cambiadas? ¿Reparadas? ¿Curadas? Usted puede hacerlo porque lo que encontrará en el sótano es una caja fuerte con el rótulo de «Llave para curar», y una vez más su llave la abrirá y dentro estarán todas las herramientas, herramientas que le permitirán conservar su salud, reparar su cuerpo y mantener la mente sana. Y en la caja habrá una lista de algunas de las cosas en las que es necesario trabajar ahora. Por consiguiente, repase la lista y compruebe lo que puede necesitar para trabajar ahora con sus nuevas herramientas a fin de conservar su salud. Y ocúpese de esas cosas, haga los cambios y observe cómo resultan cuando comienza a trabajar en el proceso. Todo esto es un proceso que conduce hacia el resultado con el que usted será feliz.

Y una vez que ha hecho esto, es hora de que examine cuidadosamente su mente y su cuerpo tal como lo haría con una casa: eliminando cualquier cosa que estuviese haciendo estragos en usted, del mismo modo que eliminaría a una termita o a una chinche. Y no necesita usar veneno para chinches. Si está sano, las resistirá y ellas se irán a otra parte porque no tienen lugar en una casa que está llena de alegría, amor y belleza. Saben que no pueden sobrevivir allí. Medran a expensas del resentimiento, la ira y el estrés, y por lo tanto mientras usted examina la casa y abre las alacenas y los armarios, si encuentra algún problema o adicción, arrójelos fuera. Hay un servicio de recogida de basuras cada semana. Amontone la basura o póngala en el dispositivo para eliminarla. Y luego sobre un estante coloque amor, aceptación, perdón, paz y sepa que el objetivo de todo este trabajo no es mecánico sino una curación interior, una curación de amor y perdón porque hay veces en que su cuerpo está limitado, pero no representa la única llave para su salud.

Su estado mental, y a menudo su cuerpo, responden como un producto secundario ante una mente curada porque los dos son uno, y si usted es como muchos de nosotros a veces pierde las cosas, y si pierde la llave, ¿dónde la encontraría? Es improbable que esté afuera, al aire libre y a la luz. Es más probable que esté en la oscuridad, de modo que si alguna vez pierde la llave para su salud, no tema volver hacia la oscuridad y buscarla, porque estará allí, lo cual le permitirá una vez más abrir su caja fuerte y encontrar nuevas herramientas para abordar cualquier problema que pueda encontrar; y si en alguna ocasión está buscando en la oscuridad, recuerde que puede coger una linterna e iluminar su camino y los rincones oscuros de las habitaciones. Usted tiene esa aptitud. No tiene que llamar a un electricista para iluminar su propio camino. Es capaz de hacerlo usted mismo y valdrá la pena encontrar un lugar seguro para guardar su llave: Quizás dentro de su cofre de tesoros. Y antes de abandonar la casa, vuelva a examinarla.

¿Hay algo en lo que no se ha fijado, por ejemplo, habitaciones a las que temía entrar? Es importante hacer un buen repaso en el salón. ¿Está en orden? ¿Se siente cómodo en él? Si no es así, actúe de decorador. Conviértalo en su salón: un lugar al que puede ir siempre para encontrar paz, contento y un estado de bienestar. Tal vez un reloj da las campanadas o suena a fin de que cada hora recuerde estar en paz y piense en su propia salud y bienestar, porque es un don valioso para usted mismo, y si puede amarse, amará a los demás y si ama a los demás, siempre será feliz y siempre habrá gente que lo ame y siempre recibirá amor.

Y cuando se sienta preparado, salga nuevamente de la casa hacia la zona del jardín y verá una bella fuente de salud. Cuando el agua salte hacia el aire y reciba la luz del sol aparecerá un hermoso arcoiris. Invite a todos sus amigos a formar un círculo de curación. Sus amigos, su familia, las personas que conoce y con las que trabaja, todas ellas. Reúnalas en este círculo y permita que el amor y la curación se esparzan alrededor del círculo y deje que la fuente de salud lo bañe, purificándolo y curándolo. Deje que las cálidas aguas curativas lo bañen y lo empapen. Y déjelas eliminar cualquier problema en su mente o en su cuerpo, físico o emocional; todo se disuelve en este agua mágica procedente de la fuente de salud; cada vez que tome un trago de agua recordará esta maravillosa fuente de salud y ello le ayudará a purificarse de sus dificultades y a restablecer su salud.

Y por todo lo que ha hecho, hay un regalo más para usted. Camine hacia adelante y extienda el brazo hacia la fuente. Hay un regalo debajo de la superficie que usted puede encontrar, sacarlo a relucir, aprender a aceptarlo y añadirlo a su caja fuerte; cuando todas sus herramientas estén seguramente guardadas y la llave se halle en un lugar seguro donde pueda encontrarla siempre, haga una profunda respiración de vida y deje que se irradie a través de usted. Deje que cada célula esté abierta a la vida, a la salud y al amor; cuando esté colmado, deje que se irradie más allá de usted hasta tocar a todos los demás y permita que la luz y el amor de los demás toquen los suyos; coja esa luz y ese amor y vuelva a guardarlos en su cofre de tesoros, de modo que nuestra luz y nuestro amor estén con usted, y su luz y su amor estén con nosotros. Y si alguna vez algo amenaza a su salud, coja la llave y abra el cofre y la caja fuerte y esa luz y ese amor llegarán para renovarlo, curarlo, apoyarlo e iluminar su sendero de regreso a la salud.

Y cuando sienta lo que está sucediendo dentro de usted, permítase una vez más volver a la conciencia de su mente y de su cuerpo, permítase regresar; con cada respiración que haga siéntase más y más alerta y más en paz hasta que se halle preparado para retornar abriéndose y llegando a ser un ojo nuevo, un ojo que está listo para proseguir con cualquier cosa que le gustaría hacer en este momento.

# Adversidad

Guía: Bernie S. Siegel

*«Una meditación inspiradora que lo motivará a asumir el control de su vida.»*

## Introducción

Gran parte de su vida está creada por mensajes que usted ha recibido a una edad temprana. Aquellos que enfrentamos la adversidad, las aflicciones, y no tememos al fracaso, a menudo hemos sido programados por nuestros padres y otras figuras de autoridad en nuestras vidas. Me han dicho que el famoso psiquiatra Carl Jung cuando sus amigos llegaban a él con buenas noticias, decía: «Tal vez si nos mantenemos unidos, podremos conseguir que pases por esto». Y cuando sus amigos aparecían y decían: «Carl, he perdido mi dinero, me han despedido de mi empleo», él respondía: «Vamos a abrir una botella de vino, algo bueno saldrá de esto». ¿Por qué Norman Vincent Peale escribiría un libro llamado *The Power of Positive Thinking*? Porque su madre le dijo: «Norman, si Dios cierra una puerta, más adelante se abre otro pasadizo». Tenemos que comprender cuánto nos programan nuestros padres a fin de que algunos de nosotros no sufra ningún fracaso. La vida sólo puede ofrecernos nuevos rumbos. Cuando llegaba a casa con problemas, mis padres me decían: «Algo bueno está destinado a salir de esto. Dios está indicándote un nuevo rumbo». Y yo me iba a mi habitación y esperaba que Dios me mostrase el nuevo camino.

Esa clase de mensajes permiten a un hombre joven llamado Jason decir: «Si Dios hubiese querido que yo fuese jugador de baloncesto, habría hecho que midiese dos metros de altura. Pero me dio un cáncer para que escribiese un libro y ayudase a otras personas». La Biblia también nos dice que la adversidad nos abre a una nueva realidad y que las aflicciones curan. El universo se convierte en un lugar muy diferente para aquellos que han sido educados con esta clase de mensajes, y si usted no lo ha sido, puede reeducarse. Puede elegir ser su propio padre y concederse un nuevo título, ser el papá o la mamá escogidos, y luego decidirse a hacer que su universo sea un lugar muy diferente en el cual vivir.

## El viaje

Por consiguiente, cree para usted un lugar seguro y cómodo. No tiene que desplazarse para hacer un viaje. Deje que sus ojos se cierren suavemente, deje que mi voz lo acompañe a través de este intervalo curativo. El tiempo y las imágenes, las visiones y los sueños, el lenguaje de la mente y del cuerpo, el lenguaje de nuestro creador. Éste no es momento para la culpa o el miedo. Usted no puede cometer este error. Tomarse tiempo para usted es un mensaje importante, y la mente y el cuerpo sabrán que está interesado en vivir y curarse, y en su vida. Por lo tanto, tómese un momento ahora y, si no lo ha hecho, cierre suavemente los ojos y deje que mi voz lo acompañe mientras comienza su viaje. Vamos a comenzar creando su universo. Usted se halla en el centro de una enorme esfera sin ninguna circunferencia. Toque todas las demás esferas. Y vea este centro en un rincón del universo, en el centro de ninguna parte, y será la única persona que sepa dónde está el centro de ninguna parte. Tómese un momento aquí, antes de comenzar su periplo, para fortalecerse absorbiendo la energía procedente de la tierra y del cielo desde este ángulo muy especial en el centro de una enorme esfera, y permita que cada célula de su cuerpo se llene de luz, amor y energía debido a este viaje. Así como una colmena tiene cada celdilla llena de miel, llene su cuerpo y tómese un momento para prepararlo para el viaje inmediato. Y abra cada célula, y desplácese a través de su cuerpo, llenándolo de luz, amor y energía.

## Pausa

Observe que es de mañana en este ángulo del universo. El sol está elevándose en el horizonte. Es hora de vestirse para un nuevo día. Vamos a ir a la escuela, y tal vez la escuela lo llene de miedo. Otro lugar para fracasar. Pero hoy vamos a ir a una escuela nueva donde no hay fracasos. En esta escuela «F» significa reacción, porque no va a ser sometido a pruebas o cuestionarios; es simplemente un lugar para aprender. Y por lo tanto, se viste para ir a la escuela y, mientras lo hace, es consciente de lo que está eligiendo ponerse, del tejido, de la trama y la textura de las ropas. Observe si hay defectos en la trama de su vida que puedan convertirlo en un día difícil; deténgase y repare los defectos en la tela con amor.

## Pausa

Cuando se considere preparado, vuelva a seguir mi voz y vamos a ir a la escuela. Usted va a ir hasta allí por su cuenta. Puede caminar, utilizar una bicicleta, pero bajo su autoridad. Y cuando vaya acercándose a la escuela, comenzará a encontrar a otros estudiantes que le acompañarán. No está solo. Todos vamos a ir a la escuela juntos. Algunos están en un curso más avanzado que otros, pero todos estamos aprendiendo. Y cuando se encuentra con los demás estudiantes y se dirige hacia la clase, no teme compartir con ellos el motivo por el cual viene a la escuela. ¿Qué es lo que usted realmente necesita aprender al respecto? Y cuando entre a la escuela observará que cada aula tiene un rótulo en la puerta, indicando la asignatura que se enseñará en ella. Y camina por los pasillos hasta que encuentra el aula con el tema sobre el que considera que necesita aprender. Aun cuando usted sea el único estudiante en esa aula, el maestro aparecerá. Entre a conocer el aula. Es un lugar donde pueden suceder muchas cosas maravillosas. La pizarra, el tablero de anuncios, los pupitres, las ventanas, otros estudiantes entrando al aula, que tal vez usted conoce, y los sonidos procedentes del exterior de la clase. Ésta es una escuela especial, no hay ningún límite en la edad de los estudiantes. Cualquiera puede venir a su clase.

Entonces la puerta se abre y aparece un maestro. ¿Quién es el maestro? El maestro cogerá un trozo de tiza y escribirá en la pizarra. ¿Y de qué trata la lección? ¿Qué va a aprender aquí? Y lo que finalmente aprende, y el maestro le ayudará, es que cada aula tiene su propia química. Cada aula está llena de soluciones y el maestro estará siempre allí para ayudarle a encontrar sus soluciones. Todo problema, todo miedo, tiene una solución. Usted sólo necesita encontrar la que resulte correcta en su caso. Y piensa en su mayor miedo, en su mayor problema, y camina hacia el armario que hay en el aula y coge una solución para su miedo o problema. Y del mismo modo que un ácido puede ser neutralizado con la solución adecuada, también pueden ser neutralizados todos sus miedos y problemas.

Y cuando el maestro esté hablando de las soluciones, a usted se le pedirá que vaya a la pizarra y escriba lo que piensa que debería ser su deber. Haga una lista de todas las cosas en las que necesita trabajar en casa, cosas que deben ser resueltas, eliminadas, curadas, y tal vez en otra parte de la pizarra escriba las soluciones que aplicará a sus deberes, y tómese un momento para hacer esto. Permita a sus sentimientos que le ayuden a resolver el problema, compruebe qué necesidades se indicaron y satisfágalas, a fin de que todo esto pueda ser borrado de su vida. Y cuando piense en una solución, coja el borrador y limpie la pizarra, y cuando trabaje en esto se dará cuenta de que pronto la pizarra queda libre de problemas, y luego dibuje un corazón de gran tamaño en esa parte de la pizarra. Suena el timbre para hacerle saber que la clase terminó, y cada vez que oiga el timbre respire con calma y céntrese en el paso siguiente. Reúna los papeles o notas que haya tomado, y llévelos con usted fuera del aula, hacia un nuevo sendero. Un sendero donde no existe ningún fracaso, sólo intentos, sólo nuevas acciones, pero ningún fracaso. Donde la palabra intentar aparece con una «I» mayúscula, y cada vez que usted hace un intento sólo puede hacerlo mejor, y mejor, y mejor, hasta que en su vida no exista ningún fracaso.

## Pausa

Continúe por su sendero siguiendo su viaje, regresando hacia su casa, y mientras avanza a lo largo del camino, vaya por el carril correcto y dé las vueltas correctas. Siempre sabrá lo que considere correcto. Cuando llega a una bifurcación en el camino, encuentra que vienen hacia usted algunos muchachos vestidos con uniforme. Y cuando los muchachos se acercan más, se da cuenta de que son exploradores novatos. Y quiero que les pregunte cuál es su lema, y ellos le dirán: «Haz todo lo posible». Tal como nos dice la Biblia, Jeremías visitó a un alfarero y el hombre trabajaba y volvía a trabajar su arcilla. Eso es todo lo que nosotros estamos pidiendo. Que trabaje con lo que le ha sido dado, que cree la mejor forma y el mejor resultado de que sea capaz. Y cuando su sendero finalmente le conduzca a casa, entre en el cuarto de trabajo, en el salón o en su dormitorio. Encontrará un viejo album de fotos, en el que aparecerán muchas fotografías del pasado. Y quiero que ponga en él algunas del futuro, porque usted sabe hacia dónde se encamina, usted está creando su futuro. Y no se asuste de ello. Usted está en el partido de la vida; a veces el juego se hace un poco accidentado, pero no hay ninguna mención al fracaso, ningún miedo a la adversidad. Cuando tenga la oportunidad de jugar, juegue tan bien como pueda, de modo que algún día no tenga que preocuparse por no haber hecho todo lo que debía. Y cuando se considere preparado, tómese un momento para encontrar un lugar confortable en la casa, y simplemente estírese durante un rato y descanse, y piense en el valor que la adversidad y las aflicciones pueden tener si éstas lo reconducen y pulsan el botón de vuelta a poner en marcha. Lamentablemente, nuestro camino de cambio es responder a las dificultades, pero si instala en usted un botón de vuelta a poner en marcha, las dificultades lo pulsarán y usted avanzará en una dirección saludable, sintiéndose mucho mejor. Y tómese un momento para practicar.

## Pausa

Piense en algo en lo que temía, y luego pulse su botón y permita que se desplace a través de usted una sensación de paz, amor, belleza y luz, que se lleve el miedo. Y del mismo modo en que limpió la pizarra en la escuela, límpiese usted. Ese botón de vuelta a poner en marcha funciona mucho mejor como borrador. Y cuando se presenten dificultades, no hay ningún motivo de culpa, censura o vergüenza.

## Pausa

Cuando crece una hoja de lechuga, no culpa a la planta si alguna hoja es más grande o más verde que otra. Existen muchas circunstancias que participan en la creación de una hoja de lechuga. Entonces usted es libre de desatar los nudos del miedo, para quebrantar los hábitos y crear algún bello fruto en su vida. Por consiguiente, no tema fertilizarse, alimentarse y utilizar todas las cosas que aparecen en su vida. Para que usted crezca, retoñe, florezca y dé frutos, no hay ninguna diferencia con un árbol frutal, que necesita ser fertilizado, que requiere lluvia, que acepta la luz del sol, y todo esto unido crea el resultado perfecto. Y cuando pueda visualizar a ese árbol creciendo, retoñando, floreciendo y dando frutos, permítale llegar a ser parte de usted. Llegue a saber cuán único y bello es usted entre todos los demás árboles. Y si en algún momento de su vida siente que es abrumado por la adversidad o el miedo, en su interior hay una voz suave que procede de un alma mágica, muy sabia, que vive en usted, que sabe todo y que no puede fracasar. Y por lo tanto, cuando se le presenten tiempos difíciles, recuerde ir hacia su interior, porque dentro de usted también hay un aula, y sentado allí estará el mago y usted podría querer tomarse un momento para consultarlo ahora, para que le ayude a guiarse.

## Pausa

Cuando esté visitando al mago, y sólo entonces, permítase regresar, permítase ser consciente de su propia respiración. Cada respiración le brindará más paz, más conciencia, hasta que finalmente esté despierto, consciente y alerta. Y regrese a la habitación abriéndose y llegando a ser un Yo nuevo.

*Bernie S. Siegel, doctor en medicina, estudió en la Colgate University y el Cornell University Medical College. Su preparación como cirujano tuvo lugar en el Yale New Haven Hospital y en el Hospital de Niños de Pittsburgh. En 1988, después de publicar su primer libro, el bestseller* Love, Medicine and Miracles, *llegó a ser presidente de la American Holistic Medical Association. Su libro más reciente,* Peace, Love and Healing, *también se ha convertido en un bestseller. Ahora Bernie viaja muchísimo con su esposa, Bobbie, desarrollando un apretado programa de disertaciones y talleres donde comparte sus ideas, sus técnicas y su experiencia sobre el papel del amor y la comprensión en la autocuración.*

# La cuerda mágica de tender la ropa

Guía: Doris Hilpert

*«Nuestra psique es un lugar profundo, prodigioso, misterioso, que constantemente está creando, haciendo y deshaciendo.»*

## Introducción

Crear una sensación de paz y seguridad es tan importante para combatir la enfermedad como el apoyo médico. Esta meditación ofrece unas imágenes claras para llegar a las capas más profundas del ser. La gente tiene una tendencia a enterrar los sentimientos y emociones molestos, y esta visualización ayuda a «desenganchar» las sombras que hemos creado. Puede liberarnos para llegar a ser más conscientes, más independientes, más felices y más afectuosos. No sea rígido con la meditación; visualice y cree imágenes de acuerdo con sus necesidades en un momento determinado. Para obtener el mayor provecho, practique diariamente porque la vida crea constantemente y, por consiguiente, es bueno estar alertas acerca del modo en que respondemos.

## El viaje

Siéntese cómodamente en una posición erguida, asentado con firmeza sobre el suelo. Cierre los ojos. Haga algunas respiraciones profundas y relajantes. Aspiración profunda, espiración lenta. Aspiración profunda, espiración lenta. Sienta cómo su respiración se vuelve más lenta, más profunda y más relajada. Repita estas palabras varias veces: «Paz, sigue existiendo. Paz, sigue existiendo». Siéntalas llegando a suceder en el interior profundo de su ser. «Paz, sigue existiendo.» Libere toda la tensión del día. Cualesquiera sean los pensamientos que estén vagando en su mente, déjelos ir. En este mismo momento relájese de todo miedo, culpa, preocupación, tensión y duda. Éste es su momento para la curación y el reflejo interior. Cuando curamos la mente, también curamos el cuerpo.

**Pausa**

Ahora, cuando está plenamente relajado, en armonía y sosegado, represéntese en un entorno muy agradable. Podría ser la orilla del mar curativa, un perfecto prado verde lleno de fragantes flores silvestres, o cerca de un arroyuelo escuchando el sonido susurrante del agua. Póngase en contacto, pleno y profundo, con cualquier cosa que quiera manifestarse en su mente. Sienta la serenidad de este lugar muy especial y cómo ejerce sobre usted un maravilloso efecto curativo. Sienta cómo su cuerpo armoniza con sus pensamientos, sentimientos y emociones. Sienta cómo cada parte de su cuerpo llega a estar energizada, revitalizada.

**Pausa**

Ahora, cuando esté profundamente en contacto con su ser más interior, compruebe si todavía existen algunas emociones perturbadoras flotando, algo que se interponga en el camino de armonía y paz. ¿De dónde procede? ¿Cómo le afecta?

**Pausa**

A continuación, atada a dos postes, usted ve una cuerda de tender la ropa y debajo una cesta y algunas pinzas. Imagine que esta cesta es su yo inconsciente. Si algo quiere aparecer para bloquear su paz, sáquelo de la cesta y con las pinzas cuélguelo de la cuerda para la ropa. Vea con qué suavidad se lo lleva lo brisa. La integridad y la curación siempre van juntas. Cuanto más nos conocemos a nosotros mismos, a nuestro inconsciente profundo, mayores son las posibilidades de alcanzar este estado maravilloso. Por consiguiente, tómese su tiempo en este proceso de purificación/limpieza. Nadie está observando; sólo están usted y sus sentimientos y emociones profundos. Cuanto más sincero sea, más libre llegará a ser.

**Pausa**

Una vez que sienta que se ha completado la limpieza de su alma interior, lenta y suavemente regrese al momento presente. Disfrute y celebre su nueva libertad. Y recuerde, la cuerda de tender la ropa siempre está allí a su disposición y también lo está la suave brisa para llevarse sus dificultades.

*En 1979, a Doris Hilpert, de Shelter Island Heights, Nueva York, se le diagnosticó un cáncer de ovario en fase III y durante los años siguientes se le dieron varias «sentencias de muerte». Doris Hilpert practica diariamente la curación intensiva y la meditación/visualización, y, según ella, «los médicos con los que tomo contacto se asombran de que aún esté viva».*

# Mal de Parkinson

Guía: Janet Dean

*«Utilizar el poder de la mente me ayudó a superar los estragos del Mal de Parkinson.»*

## Introducción

Esta visualización fue creada para un grupo de apoyo para personas con el Mal de Parkinson. Yo era consciente de lo mucho que me ayudó la visualización creativa, de modo que escribí esto en un esfuerzo por mostrar al grupo cómo podía utilizar tales imágenes. Estas imágenes relajan el cuerpo y la mente. También es importante aprender a visualizar, efectuar afirmaciones positivas y crear una atmósfera curativa. Recomiendo música suave –clásica, New Age o religiosa– y sugiero que esta meditación se practique por la mañana y por la noche.

Energice la pantalla empleada en estas imágenes por lo menos una vez al día, pensando y creándola en su mente. Vea siempre la solución a su problema y no su problema. Tenga el cuidado de pedir específicamente lo que quiere y asegúrese de que en realidad lo quiere. Ponga emoción en la imagen, cuanto más desbordante mejor, y véase siempre en cualquier escena que esté representando.

Siéntese cómodamente. Cierre los ojos. Si tiene que cambiar de posición, consíderese libre de hacerlo. Si sus pensamientos se desvían, tráigalos de regreso al oír mi voz. Haga una respiración profunda y cuando espire, piense «relajación». Haga otra respiración profunda, espire y relájese. Haga una tercera respiración profunda y observe que ésta se ha vuelto más lenta y profunda. Continúe respirando, de manera rítmica y profunda. Mientras yo cuento desde diez hasta uno, su respiración continúa volviéndose incluso más y más lenta. Diez, nueve, ocho, relájese y profundice más, siete, seis, cinco, relájese y profundice más, cuatro, tres, dos, más profundo, más profundo, más profundo, uno. Usted está muy relajado y preparado para relajarse aún más.

Imagine que está parado en un sendero al pie de una montaña mirando hacia la cumbre y ve una encantadora cabaña rústica, del tamaño y la forma adecuados para usted. Ahora, comience a subir por el sendero hacia la cabaña. Observe la belleza del entorno, con los árboles altos y bien proporcionados, presentando todas las gamas del verde. Hay flores de todos los colores y variedades, algunas que nunca ha visto antes. Los pájaros están cantando y usted hace una pausa para escucharlos. Qué bello es todo. La temperatura es la adecuada y el sol es cálido. Una brisa fresca sopla suavemente sobre su cuerpo y usted se siente feliz y muy confortable. Los animalitos son muy amistosos. Los conejos, ardillas, mapaches y algunos que no puede identificar se presentan ante usted y bailan a su alrededor. Mientras los observa bailar, aparece ante usted una familia de ciervos y el cervatillo le lame la mano. Al principio usted se asombra, pero ve que la madre y el padre le sonríen de manera aprobadora. Usted da una palmadita en la cabeza del cervatillo y continúa a lo largo del camino. Los animales se le unen y todos juntos llegan a la puerta delantera de la cabaña, que de inmediato se abre de par en par, como si estuviesen esperándolo.

Usted hace una pausa y mira hacia el interior,

mientras los animales se escabullen pasando a su lado y se instalan por toda la cabaña. Usted ve una gran poltrona de su color favorito colocada en el centro de la habitación y lentamente camina hacia ella, se sienta, se recuesta, cierra los ojos y se relaja. Una onda de relajación se inicia en su cabeza y desciende a través de su cuello y de sus hombros, continuando por sus brazos hasta sus manos y dedos. Ahora la onda vuelve a subir por los brazos y sigue hacia su pecho, su estómago, sus pulmones y su corazón. Desciende hacia sus piernas y los dedos de los pies, donde sale de su cuerpo dejándolo relajado. Si todavía se siente tenso, abra un poco la boca. A veces sólo con abrir un poco la boca, se relajará.

Comience a crear sus propias imágenes personales. Lo que desee cambiar, curar, mejorar u obtener en la vida. Piense por un momento en el problema y decida qué solución quiere darle. Imagine una gran pantalla cinematográfica sobre la pared que se halla delante de usted. Recuerde que está viendo todo esto sobre el interior de sus párpados o en su imaginación. Después de haber visto el problema sobre su pantalla cinematográfica, destruya la imagen por completo. Puede hacerla estallar, disolverla, inmovilizarla o cualquier cosa que convenza a su mente de que el problema está acabado. Desplace esa imagen hacia la derecha y vea a la solución entrando en ella desde la izquierda. ¿Quiere una curación? Entonces represéntese sano, vea al médico diciendo: «Usted ha sido curado». Véase llamando a sus amigos y diciéndoles que está curado. Planifique lo que hará ahora que está curado y cómo se sentirá al hacerlo. Si tiene dolor, represéntese libre de éste. Si quiere hacer algo para cambiar su vida para mejor, imagínese siendo felicitado por lo que sea. Si quiere obtener algo, imagínese con el objeto o lo que sea.

Éste es el momento de abandonar la cabaña y regresar al aquí y ahora. Cuando se levanta de la poltrona, también se incorporan los animales y todos juntos atraviesan la habitación y la puerta se abre. Se vuelve una vez más y recorre el cuarto con la mirada. Recuerde que puede regresar a esta cabaña en cualquier momento simplemente imaginándola. Abandona la cabaña y descubre el sendero para descender la montaña justo delante de usted. Las flores y los árboles son tan bellos como antes, los pájaros aún cantan, pero usted sabe que existe una diferencia. Siempre recordará la experiencia que tuvo y ésta llegará a ser una parte de su éxito. El sol todavía calienta y la brisa sigue soplando. Llega al pie de la montaña y se sienta en un banco que encuentra allí. Antes de marcharse, dése algunas afirmaciones positivas. Repita en silencio para sus adentros: «Cada día me siento mejor. Los pensamientos positivos me traen los resultados positivos que deseo. Elijo ser sano. Sé que la buena salud es mi estado natural. Merezco la buena salud».

Éste es el momento de regresar al aquí y ahora, precisamente aquí y precisamente ahora. Yo contaré desde uno hasta cinco y cuando llegue a la cuenta de cinco, usted estará completamente despierto y sintiéndose estupendamente. Uno, dos, tres, subiendo lentamente, cuatro, y a la cuenta de cinco usted estará totalmente despierto. Cinco, ahora está plenamente despierto, sintiéndose estupendo, sintiéndose mejor que antes. Su visión es mejor, su capacidad para oír es mejor, y cualquier problema que tenía ahora está resuelto. En este regreso, le damos la bienvenida.

*Janet Dean ha tenido el mal de Parkinson durante casi diez años, pero se mantiene muy ocupada, lo cual la ayuda a «alojar al mal de Parkinson en el lugar al que pertenece: fuera de mis pensamientos», dice. Ella y su marido, Ken, están jubilados y residen en Nueva Jersey, donde semanalmente celebran reuniones espirituales en su hogar.*

# Autocuración

Guía: Shdema Goodman

*«La posibilidad de borrar la enfermedad de este planeta es la principal fuente de inspiración para esta meditación.»*

## Introducción

Estas imágenes guiadas ayudan a crear salud, armonía, paz, amor y alegría en la vida de la gente. He experimentado resultados maravillosos en mi salud y he tenido comentarios similares por parte de otros que practican esta técnica. Recomiendo utilizar esta visualización por lo menos dos veces al día: la primer cosa que se haga por la mañana y justo antes de irse a la cama. Cuanto más a menudo y más tiempo la practique mejor. Al menos es una gran técnica de relajación; cualquier otro resultado son bonificaciones.

## El viaje

Siéntese en una posición cómoda. Cierre los ojos. Deje que su respiración se vuelva suave y uniforme, con una cantidad igual de presión durante la aspiración y la espiración. Aspire energía amorosa líquida a través del plexo solar (un manojo de terminaciones nerviosas localizadas por encima de la cintura). Lenta, suave y tiernamente envíela hacia su pierna izquierda, nutriendo y curando los billones de células de esa zona. Llene por completo la pierna derecha, el brazo izquierdo, el brazo derecho, la parte inferior del cuerpo, la parte superior del cuerpo, el cuello y la cabeza. Envíe dosis adicionales a la zona que necesita curación. Visualice las zonas ya curadas y en perfecto estado, brillando y vibrando rebosantes de perfecta salud. Al mismo tiempo envíe la energía húmeda a esa zona. Utilice los cinco sentidos: siéntala, tóquela, huélala, saboréela, oiga los sonidos interiores; vea sus colores y forma, véala perfecta y colmada de energía amorosa. Véase radiante, feliz, apacible, afectuosa, adorable, rebosando salud, como cuando se han logrado todos los objetivos de su vida. Envíe amor y bendiciones a la humanidad y reciba amor y buenos deseos de la humanidad, abriendo todas las células para permitir que entren las bendiciones.

*Shdema Goodman, doctora en educación, es psicóloga practicante en Livingston, Nueva Jersey. Es conferenciante internacional, dirige talleres y es autora de dos libros:* Babaji, Meeting With Truth *y* Come To Life.

# Vientre blando

Guía: Stephen Levine

*«Observar la franqueza o reserva relativa del vientre brinda conocimiento sobre cuándo y cómo estamos aferrándonos a nuestro dolor.»*

## Introducción

Estamos condicionados para sufrir. La sociedad del barrigón compacto y profundamente apenado se ajusta a este denominador mínimo. Vagamos penosamente y perdidos a través de nuestras vidas, hasta que nos despertamos con un profundo suspiro de liberación y allanamos el sendero de la misericordia.

Cuando el vientre está duro, hay retención. Algún grado o estado de belicosidad está resistiendo y endureciendo en ese momento, intentando controlar. Usted puede tener que regresar al vientre blando docenas de veces en una hora.

El vientre es un extraordinario instrumento de

diagnóstico. Exhibe la coraza del corazón como una tensión en el vientre. Cuanto más profunda sea nuestra relación con el vientre, más pronto descubriremos si estamos reteniendo en la mente o abriendo en el corazón. Trate de apretar el vientre. Trate de estimular el juicio. El vientre duro a menudo es un vientre que juzga. Incluso trate de entender que el vientre puede tensar lo que se está diciendo ahora.

No trate solamente de entender. Entre en el proceso. En «Vientre blando» simplemente permita que surja el entendimiento, por sí mismo, a partir de su verdadera naturaleza. Más allá de la mente está todo lo que usted anhela saber. Pero la gran ironía de la búsqueda espiritual es que lo que estamos buscando es lo que está haciendo la inspección.

Es difícil ver lo que se ve, pero no imposible. Requiere cierto trabajo liberarse de los modos antiguos de ver. Ablandar el vientre es un comienzo.

Estamos programados para aferrarnos a nuestro dolor, para convertirlo en sufrimiento. Somos instruidos para endurecer el vientre, para ocultar su plenitud, su redondez, su amplitud. Las mujeres en particular están programadas para ser «atractivas», y se las alienta a usar prendas interiores que compriman el vientre y disminuyan la sensación de amplitud. También a menudo puede observarse a los hombres «conteniendo el vientre» para ser aceptables. Se nos suplica ser barrigudos compactos por una cultura que confunde dureza con belleza. Es un modo peligroso de vivir si uno desea estar vivo plenamente.

## El viaje

Deje que su atención entre en el cuerpo... Deje que la conciencia llegue al nivel de sensación en el cuerpo... Experimente las sensaciones físicas de estar en un cuerpo... Sensaciones de las nalgas sobre la silla o sobre una almohada... El tirón de la gravedad... Sensaciones del pecho moviéndose, la respiración... Sensaciones en el cuello, el peso de la cabeza... Sienta este cuerpo sobre el que se sienta... Gradualmente permita a su atención que llegue hasta el vientre... Y comience a ablandar el vientre... Haga espacio para la respiración en el vientre... Al aspirar, el vientre se levanta... Al espirar, el vientre baja... Ablándese para recibir la respiración en el vientre... Permita que la respiración se produzca en el vientre blando.

Cada respiración ablanda, abre, libera... Aspiración: el vientre se levanta, llenándose de blandura... Espiración: el vientre, al bajar, libera cualquier retención... Expandir y contraer el vientre..., vientre blando... La respiración se efectúa en la blandura... Liberar en el vientre; grados y grados de blandura. Tanta aflicción retenida en el vientre, tanto miedo y coraza. Deje que todo flote en el vientre blando... No lo endurezca hasta el sufrimiento... Simplemente déjelo estar en gracia, en el vientre blando.

Observe cómo incluso un solo pensamiento puede tensar el vientre, endureciéndolo hasta la coraza, hasta la separación, hasta la aflicción. Libere con cada aspiración, ablandando el vientre... Libere con cada espiración, haciendo espacio... Cada espiración se lleva el dolor... Liberar... Vientre blando... Vientre misericordioso... Grados y grados de ablandamiento... Grados y grados de liberación... Tanto espacio para liberar... Tanto espacio para estar en el vientre blando.

Tenga misericordia con usted... Cada respiración ablanda... Ablandar el vientre para descubrir el corazón... Liberar al vientre de la vieja retención que bloquea al corazón... Cada espiración libera del dolor... Espire la dureza, la coraza... Haga espacio para su vida en el vientre blando.

Crítica, juicio, duda. Todos los pesares se congregan en el vientre. El ablandamiento les permite dispersarse, disolverse en el vientre blando. Los dolores, los miedos, las dudas se disuelven en la blandura, en la amplitud de un vientre compasivo.

Deje que todo flote en el vientre blando... Tenga misericordia... Grados y grados de ablandamiento congregándose al instante... Grados y grados de estar en el vientre blando... Aspirar, espirar en el vientre blando.

Incluso si descubre dureza en medio del aumento de blandura, simplemente obsérvela flotar... Deje que la dureza flote en la blandura... Nada que cambiar, ninguna urgencia en el vientre blando... Deje que la urgencia flote en la blandura... Hay espacio incluso para el dolor en la misericordia y en la conciencia del vientre blando.

Deje que el sonido de estas palabras pase a través de usted..., no retenga en ningún sitio... Confíe en el proceso... Deje que todo surja a través de la amplitud del vientre blando... Y deje que sus ojos se abran suavemente. Y cuando sus ojos se abran, observe en qué punto el vientre se tensa una vez más. En qué punto la «algunidad» se reafirma y usted siente necesidad de protegerse. ¿En qué punto la coraza restablece su presencia prolongada? Ablande con los ojos abiertos al mundo. Practique ablandar incluso el dolor que todos compartimos y el legado de curación expuesto en el profundo ablandamiento.

*De* Guided Meditations, Explorations and Healings, *de Stephen Levine. © 1991, Stephen Levine. Utilizado con autorización de Doubleday, una división de Bantam Doubleday Dell Publishing Group, Inc.*

*A mediados de la década de 1970, mientras se hallaba trabajando con Ram Dass* (Grist for the Mill), *Stephen Levine enseñó meditación en el sistema de prisiones de California. Durante los años siguientes, dirigió talleres y aprendió de los enfermos terminales la necesidad de niveles más profundos de curación y el intenso goce de la asistencia* (A Gradual Awakening). *En 1979 comenzó a dirigir talleres con su esposa, Ondrea. Como codirectores del Hanuman Foundation Dying Project, continuaron asistiendo a los enfermos terminales y a aquellas personas profundamente afectadas por una pérdida. Sus meditaciones guiadas para la aflicción curativa, los estados emocionales opresivos, el abuso sexual y formas más sutiles de preparación de vida/muerte les aportaron reconocimiento internacional* (Healing into Life and Death).

# Curar el sistema inmune

Guía: O. Carl Simonton

*«Es importante que desarrollemos creencias fundadas, sustanciales, que potencien la salud y mejoren la calidad de nuestras vidas. [Necesitamos] creencias sólidas en nuestros mecanismos naturales de curación.»*

## Introducción

La investigación ha comenzado a demostrar que en el interior de la mente existe un poder para influir en el curso de un cáncer y esto resulta muy estimulante. Es evidente y muy aceptado que el estilo de vida influye en la salud, los hábitos de sueño, la dieta, la actividad física, la satisfacción en el trabajo y las relaciones. Aunque esta conexión ha sido admitida desde hace mucho tiempo, todavía se desconoce la existencia de un vínculo directo entre el sistema nervioso y los glóbulos blancos. Los glóbulos blancos producen receptores nerviosos sobre sus superficies, que reciben el nombre de neurorreceptores. Un mensaje puede ser transmitido de manera instantánea desde el cerebro a los glóbulos blancos, que constituyen el mecanismo de defensa básica del cuerpo. Es importante conocer la conexión entre las emociones y los glóbulos blancos, porque estos últimos matan al cáncer.

En estas fantasías guiadas, usted puede aprender a influir sobre sus emociones de una manera positiva. Esta visualización guiada se propone brindarle técnicas de relajación y de imágenes mentales que le ayudarán a sentirse bien. Está diseñada para funcionar en apoyo de su tratamiento médico, no en lugar de él. Por lo tanto, me gustaría que usted escuche y coopere tanto como le resulte cómodo y, sobre todo, cuídese.

## El viaje

Comience por relajarse y por ponerse en una posición cómoda. Si lleva gafas, podría quitárselas. Haga una respiración profunda y cuando espire, dígase mentalmente «relajación». Con cada respiración, permítase llegar a estar un poco más relajado. Cuando se relaje, permítase sentirse seguro, confortable y protegido. Con cada respiración, permítase llegar a estar más relajado y libere cualquier tensión que pueda estar sintiendo en la mandíbula. Podría abrir la mandíbula ampliamente y luego dejar que se relaje. Deje que su respiración envíe mensajes de relajación por todo su cuerpo. Relaje los músculos de su rostro. Suavemente, dígales que se relajen. Relaje su cuello, sus hombros, sus brazos y sus manos. Relaje su pecho y también el contenido de su pecho: sus pulmones y su corazón. Deje que su estómago se relaje y todos los órganos de su cavidad abdominal. Simplemente, déjelos relajarse. Deje que se relajen su pelvis, sus piernas y sus pies. Piense en estar seguro, confortable y protegido.

Siéntase sereno, valore cuán agradable es el estado en que se encuentra, qué bueno resulta estar relajado, seguro, confortable y protegido. Valore cómo estas sensaciones –la sensación de seguridad, la sensación de comodidad, la sensación de protección, la sensación de placer– son registradas en su cerebro, en las partes viejas de su cerebro. Éstas son partes muy viejas de nosotros, y cuando esas sensaciones son registradas, estimulan una vieja porción del cerebro conocida como el hipotálamo. El hipotálamo es la parte del cerebro que regula la mayor parte de los principales sistemas del cuerpo. Piense en cómo estas emociones influyen en su corazón para que sus latidos sean más regulares, en su respiración para que sea fácil, en su metabolismo para que esté perfectamente regulado. Cuando su cuerpo llegue a estar más y más en armonía, permítase sentir el calor que se difunde por todo su cuerpo. Todo es bañado por el funcionamiento maravilloso, sedante, de su sistema circulatorio en equilibrio. Ahora comience a imaginar cómo estos mensajes de calma, protección, comodidad y placer son transferidos a su pituitaria mediante impulsos nerviosos directos y elementos químicos que son liberados a través de su corriente sanguínea. Estos elementos químicos comunican armonía, calma, protección, comodidad y placer cuando son secretados desde su pituitaria hacia su corriente sanguínea, difundiéndose por todo su cuerpo y entrando en contacto con uno de los órganos objetivo fundamentales: sus glándulas suprarrenales.

Sus glándulas suprarrenales, que se alojan en la cavidad abdominal justo encima de sus riñones, están recibiendo mensajes de calma, protección, comodidad y placer. Imagine que sus glándulas suprarrenales responden a estos mensajes y entonces producen sus hormonas, muy potentes –sus potentes elementos químicos–, que son liberadas en su corriente sanguínea y, a su vez, regulan la presión apropiada para la calma, la comodidad, la protección y el placer. Imagine la influencia sobre sus glóbulos blancos cuando éstos reciben la energía absorbida apropiada desde todas esas fuentes diferentes de calma, comodidad, protección y placer. Estas ondas de elementos químicos bañan cada célula de su cuerpo con mensajes de calma, placer, protección y comodidad.

Imagine que esta actividad sucede en todo su cuerpo con gran facilidad y con la naturalidad con que fue inspirada en principio. Y ahora valore cómo estos mecanismos han funcionado en nosotros toda nuestra vida, en la vida de nuestros padres, de nuestros abuelos, de nuestros bisabuelos e incluso de nuestros antiguos ancestros antes de que fuesen registrados por la historia. Aprecie el funcionamiento intrincado de su cuerpo y valórese por estar implicado en su propia salud.

Ahora comience a ser más consciente de la habitación en que se encuentra, de la temperatura, de la cantidad de luz, del sonido. Cuando esté preparado, abra los ojos y empiece a valorar cómo funciona esto.

Imagine cómo el miedo causaría una reacción muy diferente. Estarían implicados los mismos sistemas y los mismos órganos, pero la reacción sería muy diferente. El miedo sería registrado en diferentes porciones de su hipotálamo causando una activación de éstas, liberando diferentes elementos químicos y generando un mensaje muy diferente para ser enviado a la pituitaria y de ésta saldrían a borbotones elementos químicos muy diferentes. Esto afectaría de manera muy diferente a los órganos objetivo, las glándulas suprarrenales, provocando una respuesta apropiada a la emoción del miedo. Esta respuesta sería un efecto muy distinto a la emoción de calma, comodidad y protección. Y qué pasa si nuestro miedo es miedo a nuestro empleo, miedo a nuestro jefe, miedo al trabajo, miedo a la vida misma. ¿Qué pasa si estos miedos están reprimidos en nosotros y ni siquiera sabemos qué son? Podemos comenzar a ver el increíble precio que se cobran sobre nuestros cuerpos.

Es importante ser comprensivos y pacientes con estos mecanismos, que son sutiles e intrincados. Se requiere diligencia para entender y aplicar estos conceptos que influyen sobre su salud. El trabajo a veces es duro, a veces es fácil. Puede resultar muy gozoso aun cuando sea muy duro, y es más provechoso, profundamente provechoso, y profundamente satisfactorio.

# Relajación para la salud

Guía: O. Carl Simonton

*«Relajarse sobre una base regular y utilizar la imaginación para ayudar a cambiar las creencias hacia otras más sanas... es importante en términos de su salud, de su enfermedad y de su vida en general.»*

## Introducción

Los pensamientos y emociones que son compatibles con la salud influyen en nuestros glóbulos blancos directamente a través de senderos neurológicos e indirectamente a través de los sistemas hormonales. Las creencias saludables y las emociones sanas influyen en ellos en una dirección positiva. Es importante que los pacientes de cáncer sepan que cuando los glóbulos blancos se colocan junto a las células cancerosas, éstas últimas resultan destruidas por los primeros. Esto es fácilmente observable en un laboratorio y sucede en el cuerpo continuamente. Esta meditación le ayudará a valorar el poder y la inteligencia desarrollados en nuestros glóbulos blancos y a imaginarlos destruyendo a las vulnerables, débiles y confusas células cancerosas.

## El viaje

Comience por hacer respiraciones profundas y cómodas, y cuando espire, dígase mentalmente «relajación». Cuando esté preparado, deje que sus ojos se cierren y empiece a sentirse seguro, confortable y protegido. Deje que los músculos de su rostro se relajen. Una zona que con frecuencia retiene tensión es la mandíbula; de modo que estire cómodamente su mandíbula abierta y luego déjela cerrarse hasta adoptar una posición confortable. Cuando haya hecho esto, permita que una onda de relajación se difunda por todo su cuerpo. Con cada respiración llegue a estar incluso más relajado. Permita que se relajen su cuello, su cuero cabelludo y su espalda. Déjelos relajarse. Respire de manera profunda, regular y cómoda, y con cada espiración dígase mentalmente «relajación». Deje que se relajen su pecho, su corazón y sus pulmones. Puede resultar útil pensar en una luz resplandeciendo desde el centro de su pecho, una luz maravillosa que se irradia hacia afuera. Deje que esta luz llegue a ser una contraseña para que su cuerpo se sienta seguro, confortable y protegido. Relaje sus hombros, sus brazos y sus manos. Con cada respiración, dígase «relajación». Deje que su abdomen y todos los contenidos de su cavidad abdominal se relajen: su estómago, su hígado, sus intestinos. Deje que su pelvis, sus pies y sus piernas se relajen. Nuevamente, deje que se relaje su rostro. Relaje su cerebro y todos los vasos sanguíneos de su cabeza, de su pecho y de todo su cuerpo. Deje que todo su cuerpo flote en un maravilloso estado de relajación, sintiéndose seguro, confortable y protegido.

Ahora prepárese para tomar la decisión de sentirse bien. Recuerde cuán importante ha sido tomar otras decisiones en su vida. Rememore el valor de tomar decisiones y cómo ha decidido y vuelto a decidir importantes cuestiones en su vida. Ahora, en lo profundo de su corazón y de su mente, tome la decisión de sentirse bien de un modo que le resulte confortable. Reconozca que al hacer lo que necesita para sentirse bien, experimentará más los deleites y goces de la vida. No necesita hacer cosas que lleven más dolor a su vida. El camino hacia la salud es de mayor alegría, de mayor amor y de mayor paz. Comience por pensar en los mecanismos curativos de su cuerpo, en lo fuertes, maravillosos e inteligentes que son. Sepa que la inteligencia de todo su mecanismo, de todo su ser, está directamente comunicada con sus glóbulos blancos. Sus glóbulos blancos –el mecanismo de curación de su cuerpo, su energía curativa– impregnan cada parte de su ser, fluyendo en todas partes a través de sus huesos hasta el núcleo de éste. Piense en los glóbulos blancos moviéndose de un lado a otro cuidando que nada esté mal. Aprecie esto, permítase entusiasmarse con ello.

Ahora piense en el tratamiento que está recibiendo. Piense que es como un amigo, un aliado, un asistente para sentirse bien. Valore los pensamientos y esfuerzos dedicados a este tratamiento; valore los mecanismos en los cuales funciona; y valore el modo en que el tratamiento le ayuda a recuperar su salud.

Y ahora piense en las células cancerosas. Piense en lo débiles, confundidas y deformes que son, y en cómo son incapaces de reparar incluso el daño más mínimo que se les hace. Su única fuerza es su capacidad para multiplicarse y dividirse. Nunca atacan. Aprecie la naturaleza débil y confusa de las células cancerosas, y lo inadecuado que resulta que estén donde están. Comience por imaginar que llegan sus glóbulos blancos y eliminan a las células cancerosas de manera muy fácil, muy automática. Cuando los glóbulos blancos se acercan y establecen el más leve contacto, insertan pequeños tentáculos de ellos mismos en las células cancerosas, inyectando enzimas y elementos químicos que provocan que esas células se disuelvan. Esto se realiza de modo automático. Existe una sabiduría inherente en los glóbulos blancos, y cuando las células cancerosas se disuelven, los desechos son fácilmente eliminados de la zona a través del sistema circulatorio. Estos desechos se unen a la circulación mayor, donde son filtrados a través de los riñones y del hígado, y por último son eliminados de su organismo en la orina y las heces.

Piense en el lugar de su cuerpo en que se halla el cáncer, y si no lo sabe o no está seguro, simplemente relaje todo su cuerpo y cualquier zona en la que esté o podría estar el cáncer. Cuando el flujo sanguíneo hacia esa zona aumenta, se incrementa el nivel de oxígeno y de nutrientes, y los oncogenes vuelven a desconectarse. Las células cancerosas dejan de dividirse y, o bien mueren, o bien se convierten nuevamente en células normales, lo cual es más apropiado.

Piense en estar más implicado con la vida, avance en la dirección del deseo, de la pasión, de la alegría y del amor. Piense en implicarse más en su trabajo, un trabajo estupendo y significativo, independientemente de lo que signifique para usted. Imagine que está más implicado con las relaciones, relaciones significativas, importantes. Vea a estas relaciones avanzando en la dirección que usted quiere, con más amor y satisfacción. Vea a su vida llegar a ser más plena. Véala tan plena como nunca y más aún. Comienza a entusiasmarse con una vida que llega a ser más plena que nunca. Será diferente a la anterior; aprecie todos estos sucesos avanzando en la dirección del deseo, de la alegría, del amor y de la satisfacción, y aléjese del dolor, de la angustia, de la preocupación y del resentimiento.

Piense en su vida avanzando en la dirección de la alegría, del deseo y de la satisfacción, y comience a llevar esa actitud hacia la habitación con usted. Regrese con una sensación de paz. Llegue a ser consciente de la habitación, consciente de la luz, de la cantidad de sonido en el cuarto, y en el momento en que esté preparado, abra los ojos y prepárese para continuar con su día.

# Visualizar un plan de salud

Guía: O. Carl Simonton

*«Los resultados de las creencias de los pacientes en sus oportunidades de recuperación, unidos a sus "nuevas decisiones" sobre los problemas que enfrentan, son un enfoque de la vida que incluye esperanza y expectación.»*

## Introducción

Nuestro sistema de creencias es un factor importante que influye en nuestras respuestas a situaciones difíciles. El desarrollo de un plan de salud de dos años nos da una estructura sobre la cual desarrollar los diversos aspectos de la decisión de vivir en forma saludable. Nos ayuda a desarrollarlos en un estilo de vida y en un sistema de creencias más armoniosos. Ésta es una guía que debe crearse con amor y atención. No tiene que actuar como un capataz severo. Con el objeto de ayudarle a facilitar este proceso, aquí se presenta un proceso meditativo que integra el plan de salud de dos años en su vida en un nivel emocional.

## El viaje

Comience por ponerse cómodo y relajarse, aspirando y espirando. Cuando espire, dígase mentalmente «relajación». Libere la tensión de su rostro y de sus hombros; relaje su pecho y el contenido de su pecho: su corazón, sus pulmones. Con cada respiración, dígase mentalmente «relajación». Relaje su abdomen y todos los órganos de su cavidad abdominal. Relaje su pelvis, sus muslos, sus piernas y sus pies. Relaje sus brazos y sus manos. Cuando llegue a estar más y más relajado, permita que las sensaciones de seguridad, comodidad y protección crezcan dentro de usted. Sienta más comodidad, más seguridad y más protección.

Comience por imaginar su vida avanzando en una dirección más sana y que la fuerza primordial que conduce esto es su deseo: un deseo y una pasión por las cosas de la vida, equilibrado con su sabiduría interna, que reside dentro y fuera. Sienta que su deseo no sólo realiza estas cosas que resultan buenas, sino que hace cosas que resultan buenas *y* son buenas para usted. Conducido por el deseo, utilizando la sabiduría y la capacidad de estructurar, desarrolle un plan de salud de dos años. Observe dónde está colocando la mayoría de su tiempo y dónde tiene la mayor parte de su deseo. ¿Qué es lo que más desea hacer? ¿Cuál es la zona de mayor pasión en su vida? ¿Consigue apasionarse con su papel? ¿Consigue apasionarse con su trabajo?

Si hay poca o ninguna pasión, entonces comience a emplear su imaginación para explorar y ver dónde se oculta ésta. Empiece por sacarla del escondite y utilice su plan de salud de dos años para desarrollarla en un estilo de vida armonioso para usted. ¿Dónde está la mayor cantidad de deseo? Cuando piensa en la vida, ¿dónde está la mayor cantidad de deseo? ¿Dónde está la menor? Ponga poca energía en las zonas en que hay poco deseo. Y ponga mucha energía donde hay mucho deseo. Permítase crecer, crecer más sabio, utilizando una suave firmeza, mientras se ayuda a avanzar en la dirección de la salud. Relajación. Relajación.

Consienta ser flexible cuando sus deseos cambien, cuando sus pasiones cambien. Consienta permitirse cambiar suavemente el centro, cambiar sus objetivos en la vida, a fin de que su plan de salud de dos años llegue a ser un guía afectuoso y no un capataz. Es un instrumento para que usted lo utilice, no un instrumento que lo utilice a usted. Valore la sabiduría que despliega cuando sigue su deseo y comience a desarrollar en forma creativa un plan para modificar su estilo de vida, de modo que navegue de manera más serena y armoniosa a través de este mar llamado vida.

Dése una palmadita en la espalda para introducir el tiempo y la energía en estos ejercicios. Es una afirmación de su compromiso ante su salud y su valentía para explorar estas zonas desconocidas. Dése una palmadita en la espalda y comience a ser consciente de la habitación en que se encuentra, de la cantidad de luz que hay en el cuarto y de los diversos sonidos, y cuando esté preparado, abra los ojos y prepárese para cumplir con las actividades del día.

# Sanador interior

Guía: O. Carl Simonton

*«[Algunos] pacientes han descubierto que pueden usar su guía [interior] como un vínculo de comunicación con su inconsciente, suministrando información importante sobre su propio funcionamiento psicológico y físico.»*

## Introducción

Nuestro intelecto consciente es sólo una pequeña porción de las operaciones de nuestro cuerpo. Gran parte de la sabiduría de nuestro cuerpo actúa fuera de nuestro conocimiento consciente. Cuanto más capaces somos de abrirnos a esta sabiduría y de entenderla –la sabiduría del universo–, más capaces somos de vivir de una manera efectiva; por consiguiente, disponer de un método para realizar esto es de gran valor. A continuación se presenta un proceso meditativo que es una vía de acceso a esa sabiduría interior. Es una técnica de relajación simple. En esta meditación, cuando llega al punto de dirigir la sabiduría que reside dentro y fuera, sea consciente de que se trata de su propia imaginación. Si ya no tiene una imagen para esta clase de sabiduría más elevada, es importante para usted que dé un impulso a su imaginación y cree una. Éste es un modo de impulsar sus creencias y de permitir una estructura en la cual pueda darse el cambio.

## El viaje

Póngase en una posición cómoda. Si lleva gafas, puede que quiera quitárselas. Comience por dejar que sus ojos se cierren y con cada respiración empiece a sentirse más relajado. Deje que la tensión desaparezca de su boca, de su mandíbula y de sus ojos, y comience a sentirse seguro, confortable y protegido. Valore los numerosos cambios que se producen en su sistema nervioso y las diferentes sustancias químicas que son elaboradas en su cuerpo cuando responde a las sensaciones de seguridad, comodidad y protección. La sangre fluye a través de su cuerpo transportando esas maravillosas sustancias químicas, y los impulsos nerviosos penetran su señal corporal de calma, comodidad y protección. Deje que una placentera sensación relajante y cálida se difunda por todo su cuerpo cuando la sangre llega a cada célula. Esta sensación baña todas las partes de su cuerpo con los nutrientes y las sustancias químicas equilibradas, que comunican mensajes de paz, calma, comodidad y protección. Deje que su pecho y el contenido de su pecho –su corazón y sus pulmones– se relajen. Deje que su abdomen y todos los órganos de su cavidad abdominal se relajen. Deje que se relajen sus brazos, sus piernas y su pelvis, y empiece a valorar la sabiduría que reside dentro y fuera de usted.

Ésta es la sabiduría que vive en todo el universo; comience por apreciar el orden, la belleza, la complejidad y la perfección del universo. Reconozca que el universo quiere que usted esté bien, quiere que usted esté sano. El universo quiere que usted esté sano, feliz, que verdaderamente tenga éxito y esté satisfecho, y le ayudará a lograr salud, felicidad, y el éxito y la satisfacción más auténticos. Aprecie que toda la vida es un maestro afectuoso, con algunas lecciones que son más fáciles y más deseables, y algunas lecciones como el cáncer y problemas que son difíciles y menos deseables. Comprenda que todas las lecciones se proponen acercarlo más a quien usted es. Aquí será más sano, más feliz, tendrá más éxito, estará más en paz y gozará de más sabiduría que antes.

Ahora, en la quietud de su propio ser, dirija esa sabiduría que reside dentro y fuera en cualquier forma en que se manifieste: un guía; una luz; la figura de alguien que conoce, ha conocido o sobre quien ha leído; un pariente especial; un ángel guardián que ha conocido desde la infancia; o un animal. Cualquier forma que adopte está bien, y si no aparece ninguna, cree una utilizando su imaginación para hacer avanzar sus creencias en la dirección deseada. Emplee suavemente su imaginación para formar una fuente de esta sabiduría con la cual se siente cómodo. Pida a esta fuente de información cualquier cosa que quiera conocer. Lo que necesita hacer para sentirse bien. Lo que necesita hacer para ser más la persona que usted es. Ninguna cuestión es demasiado grande o demasiado pequeña. La conexión con esta fuente de sabiduría se hace más fuerte con el uso y es importante guiarse por la información recibida. Formule cualquier pregunta que sea importante para usted; formule cualquier pregunta que quiera plantear, y luego permanezca tranquilo y deje que las respuestas se revelen.

Una de las razones básicas por las que tenemos dificultad para captar las respuestas es que no estamos preparados para recibirlas. No estamos dispuestos a recibir la respuesta, o hemos formulado la pregunta de tal modo que resulta imposible responderla de manera apropiada. Por consiguiente, cuando hay dificultad para recibir una respuesta, vuelva a formular la pregunta con claridad, franqueza y sinceridad, y ésta llegará. Es importante estar abierto para recibir las respuestas en una variedad de modos. Muéstrese receptivo al misterio del funcionamiento del universo y al misterio de la sabiduría del universo. En general, las respuestas llegarán en unos pocos días, si no lo hacen de inmediato. Las respuestas están allí tan pronto como formulemos la pregunta. Si las respuestas no llegan pronto, entonces pregunte por qué no aparecen. Pida claridad; pida ayuda. Relájese y pida ayuda al universo. Abrase al universo en busca de ayuda e imagínese bien; imagínese implicado en las actividades sanas de la vida; imagine que sus relaciones mejoran; imagine que su trabajo mejora; imagine que todas las cosas importantes de su vida avanzan en la dirección por la que a usted le gustaría que fuesen; imagínese viviendo con más excitación y más entusiasmo.

Comience a ser consciente de la habitación en que se encuentra, llegando a ser consciente de la cantidad de luz y de los sonidos que hay en el cuarto, y en el momento en que esté preparado, deje que sus ojos se abran y regrese con una sensación de calma y paz.

*Preparado formalmente como oncólogo radiólogo, O. Carl Simonton, doctor en medicina, ha sido pionero en un enfoque innovador de la atención psicosocial de pacientes de cáncer durante los últimos quince años. A través del uso de la visualización y de técnicas de meditación, se alienta a los pacientes a utilizar su imaginación para mejorar su salud, produciendo cambios en el modo en que consideran sus tratamientos, la calidad de vida y el curso de la enfermedad. Es coautor de dos libros de gran difusión:* Getting Well Again *y* Stress, Psychological Factors and Cancer. *Es el fundador del Cancer Counseling and Research Center y del Simonton Cancer Center.*

# Plegaria efectiva

Guía: James V. Goure

*«Usted forma una unidad con todo lo que existe.»*

## Introducción

«Plegaria efectiva» fue desarrollada como una técnica para ser utilizada por cualquiera para lograr mayor bien para sí mismo, para todos y para todo. El autor dijo a la gente: «Utilicen esta plegaria quince minutos por la mañana y quince por la noche durante dos semanas, y yo les garantizo un milagro». Los milagros que han resultado del uso de esta plegaria parecen infinitos en número.

## El viaje

- Descargo todo mi pasado, sensaciones negativas, miedos, relaciones humanas, autoimagen, futuro,deseos humanos, sexo, dinero, juicio y comunicación en la Luz.

- Yo soy un Ser de Luz.
- Irradio la Luz desde mi Centro de Luz a través de todo mi ser.
- Irradio la Luz desde mi Centro de Luz hacia todos.
- Irradio la Luz desde mi Centro de Luz hacia todo.
- Yo estoy en una burbuja de Luz y sólo la Luz puede llegar hasta mí y sólo la Luz puede estar aquí.
- Gracias a ti, Dios, por todo, por todos y por mí.

*James V. Goure dio al mundo formidables tesoros espirituales, pero también vivió una vida plena en lo físico. Se graduó en la Academia Naval de Estados Unidos y sirvió como comandante en la Armada poco después de la Segunda Guerra Mundial. Ocupó una serie de cargos gubernamentales, incluyendo el de alto dignatario de la Comisión de Energía Atómica. En 1976 fundó, en compañía de su esposa, Diana, United Research en Black Mountain, Carolina del Norte, para fomentar el uso de la plegaria para mayor bien de todos. Goure falleció en diciembre de 1986, pero su legado perdura.*

# Aprovechar el dolor físico

Guía: Niro Markoff Asistent

*«El mejor modo de abordar el dolor físico es... experimentarlo plena y completamente.»*

## Introducción

A través de su propia lucha con el SIDA, Niro Markoff Asistent aprendió las lecciones provechosas a partir de abordar directamente su dolor físico. «Muchos de nosotros tememos más al dolor físico que a la misma muerte. Ésta es un área donde es importante admitir nuestras limitaciones y reconocer que el enfoque extremo raramente funciona. Cuando estamos dispuestos a seguir enfrentando el dolor momento a momento, podemos determinar el uso apropiado de la medicación. Es un proceso de conciencia a través de la aceptación... El mejor modo de abordar el dolor físico es experimentarlo plena y completamente. Esto facilita el movimiento de su energía. Lamentablemente, a menudo esto va directamente contra nuestro instinto a contener la respiración y tensar el cuerpo para mantener al dolor a cierta distancia...», escribe Niro Markoff Asistent.

Cuando usted comience esta meditación, «el dolor puede parecerse a un bloque de cemento de energía oscura. Pero cuando está dispuesto a permanecer con él, simplemente respirando en él, [usted] puede sorprenderse de que esta masa sólida pueda llegar a ser menos densa». Esta meditación es una guía para la exploración física del dolor y sobre cómo desplazarlo de lo «oscuro a lo menos oscuro».

## El viaje

Tiéndase de espaldas sobre la cama y cierre los ojos.

*El texto siguiente debería ser leído en voz alta por una persona amiga:*

Por favor, respire profundamente y lleve toda su atención hacia su respiración. Permítase sentir su propia presencia hasta el punto máximo de su aptitud. Llegue a ser consciente de lo que está sucediendo en usted y a su alrededor. El sonido, los olores, las sensaciones.

**Pausa**

Ahora, hágase accesible y vaya más allá de sus cinco sentidos. Permítase estar abierto a su intuición y a la conducción de su curador interior. Mientras continúa respirando profundamente, comience a centrarse en la luz interior. Visualice el bello resplandor de una luz blanca, que representa la presencia de Dios. Confíe en cualquier imagen que genere su subconsciente; esto es simplemente una pauta. El color puede ser púrpura, azul o verde, simplemente déjelo ser lo que sea. Permítase estar en presencia de Dios. Deje que la luz lo bañe.

**Pausa**

Cuando comience a sentirse seguro y su cuerpo se vuelva más y más relajado, llegue a ser más consciente del centro del dolor que está afectándole.

Haga una respiración profunda. Mientras continúa respirando, deje que la luz penetre en su cuerpo y le aporte solaz. Deje que esta sensación confortante llene todas las partes de su cuerpo que no están afectadas por el dolor, de modo que la zona dolorida llegue a ser más y más precisa. Lleve su conciencia plena al centro de su dolor. Sienta la localización específica del dolor y observe cómo se siente diferente al resto de su cuerpo.

**Pausa**

Ahora permítase extraer energía curativa y fuerza de las partes de su cuerpo que no están doloridas. En este proceso ruegue la guía y el apoyo de Dios.

Haga una respiración profunda. Continúe respirando profundamente mientras se adentra más y más profundamente en el dolor. Podría ser muy alarmante, como si el dolor fuese demasiado intenso. Confíe en la guía de Dios y siga adelante. Ahora sólo puede sentir el dolor en su plena intensidad.

Recuerde continuar respirando profundamente, aun cuando su tendencia será tensarse y contener la respiración. Ahora observe de qué color es el dolor. Confíe en cualquier imagen que llegue.

**Pausa**

¿Cuál es la dimensión del dolor ahora? ¿Cuál es su forma? ¿Cuál es su tamaño?

Mientras continúa respirando, vea al dolor en su realidad plena. Manténgase centrado en la forma, en el tamaño y en la intensidad del dolor. Su cuerpo puede querer llorar, déjelo llorar, o gritar o suspirar. Simplemente déjelo que lo haga. Deje que la energía se desplace.

Ahora, pidiendo la colaboración plena de la luz que hay dentro de usted, utilizando su poder creativo pleno, vea al dolor llegar a ser más pequeño, el color más pálido y la intensidad más suave.

Haga una respiración profunda. Sienta el dolor ahora. Quizás esté palpitando. Si es así, sienta el pulso. Observe su danza de contracción y expansión. La intensidad seguida por la inmovilidad, adentro y afuera, adentro y afuera. Sienta el dolor comenzando a ser dúctil. Nuevamente con la guía de Dios, y a su propio ritmo, utilice su poder creativo para visualizar al dolor llegando a ser más pequeño.

Haga una respiración profunda. Cuando el dolor disminuya, permítase descansar en la menor intensidad del dolor. Simplemente concéntrese en su respiración y en su cuerpo descansando en su cama. Concédase un descanso. Deje que su cuerpo se tome un descanso.

**Pausa**

Ahora, una vez más, utilizando su poder creativo, visualice la luz dentro de usted, curando el dolor por completo, y déjese caer en un estado de reposo. Permítase estar con Dios. Dios siempre está preparado, siempre está allí para nosotros. Sólo necesitamos eludir el camino. Es nuestra elección recordar que podemos liberarnos. No tenemos que sufrir. Podemos estar abiertos al apoyo de nuestros amigos y seres queridos, así como a Dios. Permítase dedicar tiempo a la valoración profunda de usted mismo y de Dios.

*Niro Markoff Asistent es una terapeuta que ejerce la práctica privada en Nueva York. Es directora de SHARE (la fundación para Self Healing AIDS Related Experiment), da conferencias y dirige talleres en todo el país.*

# Abrir el corazón

Guía: Robert Gass

*«Ésta es una meditación guiada para la apertura del corazón.»*

## Introducción

Esta meditación guiada es un proceso simple pero eficaz, en el cual usted es guiado hacia una conciencia más profunda de su propio corazón. Mediante la utilización de técnicas de respiración y de visualizaciones de luz e invocando a un poder más elevado, se aumenta la energía en el corazón. Esta energía aumentada típicamente hace salir a la superficie contracciones o corazas alrededor del corazón.

En la reapertura de nuestros corazones, a veces (aunque no siempre) podemos tener la experiencia de liberar la emoción contenida. Esta liberación emocional, cuando se produce, puede ser poderosa y manifiesta, o interna y sutil. La liberación emocional es una parte natural del proceso curativo y debería ser bien recibida.

Esta meditación guiada también recurre a la presencia curativa de aquellos que nos han amado en nuestras vidas.

## El viaje

Coloque su cuerpo en una posición cómoda. Cierre los ojos. Haga una respiración profunda y conténgala... Conténgala... conténgala... y libérela. Comience dejando que su cuerpo se relaje... dejando que su cuerpo se relaje. Aspire profundamente... contenga la respiración... contenga la respiración... y libérela, sintiendo que su cuerpo se relaja, se libera. Una vez más, aspire profundamente... contenga la respiración... contenga la respiración... contenga la respiración... y libérela.

Ahora, cuando aspire, imagine que puede respirar directamente en el centro de su corazón, en la zona que se halla en el centro de su pecho que se conoce como el centro del corazón. Aspire y sienta su aliento entrar directamente a este centro del corazón. ¿Qué es lo primero de lo cual tiene conciencia cuando el aliento entra al corazón...? ¿Qué siente...? ¿Qué advierte cuando el aliento entra al corazón? Cuando respire, llegue a ser más y más consciente de su corazón.

**Pausa**

Cuando aspire, imagine que está aspirando una luz de color dorado. Con cada aspiración, sienta la luz dorada entrando en su pecho. Siga a esta luz dorada con cada respiración y siéntala recorrer todo el camino hacia el centro de su corazón. Sienta su pecho comenzando a llenarse de luz dorada... con cada respiración... luz dorada. Esta luz es cálida, de modo que cuando usted aspira se produce una sensación de calor que llena su pecho. Con cada aspiración sienta el calor que entra con el aliento, llenando su pecho y su corazón. Muy suavemente, con cada aspiración sienta esta luz dorada y el calor llenando su pecho.

Esta luz dorada tiene propiedades curativas. Esta luz tiene propiedades curativas, por lo que cuando entra en su pecho se produce una sensación de contacto curativo en su corazón. Con cada aspiración sienta esta cálida luz curativa entrar en su pecho y tocar suavemente su corazón. Es como si usted estuviese en manos de un masajista experto que conoce su corazón perfectamente. Sienta esta luz curativa dorada masajeando suavemente su corazón. Esta luz es familiar. Usted conoce esta luz, esta sensación, este contacto curativo. En cierto modo, usted conoce esto..., aspirar una luz dorada, cálida y curativa. Cuando llegue a ser más consciente de su corazón, también puede llegar ser consciente de lugares en su corazón que están protegidos, cerrados o heridos.

Al aspirar luz dorada, usted llega a ser consciente de los lugares en el corazón que están cerrados. Todos tenemos lugares acorazados en y alrededor del corazón, lugares que parecen huir de la luz cuando ésta entra. Sea consciente de cualquiera de estos lugares que parecen tensos y sea consciente si no existe ninguno.

De niños llegamos a esta vida totalmente abiertos, totalmente vulnerables, totalmente vivos. Vamos al encuentro de cada instante sin expectación y con confianza total. Vea una imagen de usted mismo como un recién nacido, con los ojos y el corazón plenamente abiertos. En su imaginación recuerde este estado de confianza. Véalo. Siéntalo. Recuerde. Continúe respirando.

Pero con el tiempo estos inocentes corazones confiados de nuestros yo infantiles tuvieron experiencias que nos enseñaron a temer, a cerrarnos definitivamente. Recuerde algunas de esas experiencias que enseñaron a su corazón a protegerse, que de algún modo le hicieron sentir que el mundo no era seguro para un corazón abierto.

**Pausa**

Respire con su corazón. Aspire calor; aspire luz. Cuando aspire, sea consciente de algo de esta coraza, pues el corazón lleva con él los recuerdos de las heridas de toda una vida, y en el corazón no hay ni pasado ni presente. En el corazón todo sucede ahora.

Respire con su corazón. Deje que la luz ilumine estos lugares de oscuridad, de tensión, de entumecimiento. Siga respirando... suavemente. No trate de cambiar lo que ve o experimenta. Siga llevando la luz hacia su pecho con cada aspiración. Deje que su propio corazón le revele ahora algún lugar en su corazón que necesita curación, para el cual la curación está disponible hoy. Deje que su propio corazón le muestre este lugar y sepa que usted está disponible para la curación en su corazón. Confíe en la sabiduría de su propio corazón. Deje que su propio corazón le muestre este lugar. Y ahora cuando aspire, hágalo precisamente en este lugar de su corazón. Lleve muy suavemente la luz hacia arriba, cerca de este lugar por encima de la herida. Esta luz curativa no puede entrar en su corazón sin ser bien recibida. Por consiguiente, si desea una apertura de su corazón, si desea una curación para su corazón, de algún modo pida esto.

Ahora lo invito a expresar una plegaria en su propio corazón, a decir literalmente las palabras que piden curación. Pronuncie estas palabras una y otra vez en su corazón ahora.

Pronúncielas en su corazón. Pronuncie literalmente las palabras en el centro de su corazón. Pida que su corazón esté abierto, pida que su corazón sea curado. Pida que el espíritu de toda vida pueda tocar su corazón. Haga esto a su propia manera una y otra vez. Es el fervor de este llamado a la vida lo que traerá curación a su corazón y amor a su vida. Pida una y otra vez. Puede que quiera poner las palabras suavemente en sus labios y cuando oiga la canción deje que las palabras y la música entren y lo toquen en cualquier lugar donde se necesite curación en la actualidad.

**Pausa**

Respire con su corazón. Aspire la luz dorada hacia su corazón. Sea consciente de cualquier modo en que su corazón se ha dado por vencido, de cualquier modo en que su corazón se ha cerrado o clausurado con el objeto de protegerse de abrirse al amor; usted debe abrir su corazón a toda vida, y al hacerlo debe estar dispuesto a asumir riesgos. A veces puede experimentar dolor y decepción.

**Pausa**

Cierre los ojos y en su imaginación vea una imagen..., el rostro de una persona que en esta vida –pasada o presente– ha sido su gran maestro del corazón... la persona viva o muerta de quien usted ha sido más capaz de recibir amor. Vea el rostro de esta persona, que ahora está sentada a escasa distancia delante de usted. En su imaginación, levante la mirada y vea los ojos de esta persona mirando los suyos y recuerde qué se siente al ser contemplado por estos ojos que lo amaron de ese modo. Cuando aspire, sienta su presencia precisamente aquí con usted en la habitación y recuerde cómo se siente al estar en presencia de esa persona que le amaba de ese modo.

Ahora comience a hablarle. Hable desde su corazón; no retenga nada. Dígale lo que está en su corazón en este mismo momento; sienta su presencia aquí con usted y deje que las palabras fluyan de su corazón como un río. Háblele y diga cualquier cosa que sea cierta y esté presente en su corazón en este momento. Ahora cuando escuche, puede oír su voz. Recuerde el sonido de su voz. La persona está hablándole. Ha venido hoy para traer un mensaje importante... un mensaje que su corazón necesita oír. Escuche y reciba el mensaje y llévelo hacia su corazón.

Ahora vea que a este rostro se unen otros rostros, uno a uno, todos los rostros de todas las personas de esta vida, pasada y presente, vivos y muertos, que le han amado, que han sido una parte de la trama de su corazón y de su vida. En este momento todos ellos están uniéndose a usted. Vea sus rostros comenzar a aparecer uno a uno. Véalos.

Todos ellos vienen en respuesta a su pedido, a su plegaria de curación. Algunos de estos rostros tienen cosas que decirle cuando aparecen. Usted recibirá estos mensajes y los llevará en su corazón y habrá alguien a quien deseará decir cosas desde su corazón. Diga estas palabras a sus rostros cuando aparezcan. Todos ellos están aquí, los rostros que usted esperaba... y posiblemente algunos que le sorprenderán al aparecerse hoy.

**Pausa**

Y ahora estos seres se reúnen en un círculo a su alrededor. Forman un círculo de amor, un círculo de curación, y algunos extienden sus manos invisibles para tocarle y usted se siente rodeado y sostenido por su amor.

Y ahora, uno o más de estos seres comienzan a acunarlo, a acunarlo y mecerlo. Imagínese siendo alzado en brazos, siendo acunado y mecido, y siendo mecido y acunado y bien recibido.

Respirar... Entregarse a la experiencia de ser

mecido y de ser acunado, de ser alzado en brazos, de ser nutrido, de ser bien recibido.

Respirar... liberar... recibir.

En su imaginación ve una imagen de su propio corazón en este momento. Sienta su corazón. Respire con su corazón. Respire luz con su corazón. Deje que su propio corazón le hable ahora. Reciba la sabiduría de su propio corazón. Pueden ser palabras. Puede ser una sensación. Ábrase y reciba la sabiduría de su corazón. Respire... sintiendo su corazón... sintiendo su corazón... sintiendo la plenitud de su ser.

Ahora la meditación guiada está completa. La paz sea con usted.

*En 1976, el doctor Gass, psicólogo, maestro, sanador y músico, creó los talleres de Apertura del Corazón. Desde entonces, más de 100.000 personas han experimentado esta mezcla curativa de psicología, espiritualidad y música.*

# Arcoiris

## Guía: Karen M. Thomson

*«El uso de imágenes de color realza la meditación y la curación.»*

### Introducción

La meditación «Arcoiris» tiene numerosas aptitudes curativas. La curación con color y con luz es muy sutil, aunque muy eficaz. Esta sesión particular afecta al sistema del chakra del cuerpo, los centros de energía del cuerpo que corresponden en términos médicos al sistema endocrino. El rojo corresponde al centro de energía que se halla en la base de la columna, el naranja a la zona justo debajo del ombligo, el amarillo a la región del plexo solar, el verde a la zona del corazón, el azul para la garganta, el índigo al punto central de la ceja y el violeta a la coronilla de la cabeza. La Luz Blanca es la luz protectora, curativa, que es la mezcla perfecta de todos los colores. El hecho de enfocar estos respectivos centros de energía del cuerpo mientras visualiza su viaje a través del arco iris puede realzar los efectos benéficos de estas imágenes guiadas.

**El viaje**

En una posición de meditación cómoda, tómese varios minutos para respirar lenta y profundamente, con los ojos cerrados y toda la concentración puesta en su respiración. Cuando aspire, imagine que está llenando su cuerpo de oxígeno, luz, energía, y todo esto es positivo. Cuando espire, elimine el aire en forma lenta y completa, y siéntase liberando las toxinas y toda la negatividad del cuerpo. Simplemente relájese y libere, y respire de manera muy lenta, profunda y completa.

Sea consciente de la profunda sensación de relajación que comienza a impregnarlo. Puede sentir que su cuerpo está llegando a ser muy pesado, tan pesado que lentamente está hundiéndose en el suelo.

En unos pocos minutos, esa sensación es sustituida por la sensación de que ahora es tan liviano, que su cuerpo empieza a flotar elevándose, lentamente y sin esfuerzo, más y más alto. Véase elevándose a través de las nubes y observe la tierra haciéndose más y más pequeña. Encuéntrese lejos en el cosmos, suspendida, mientras continúa flotando en el espacio. Usted no es consciente de ninguna sensación física, excepto de una sensación de libertad, de ingravidez. No siente miedo. Sienta una confianza y protección absolutas, pues tiene el conocimiento interior de que está colmado y rodeado por Luz y Amor. Se oye diciendo:

La Luz de Dios me rodea;
El Poder de Dios me protege;
La Paz de Dios me envuelve;
El Amor de Dios me faculta;
La Presencia de Dios está siempre conmigo.
Donde yo estoy, está Dios. Todo está bien.

Imagine, vea con la imaginación, sienta con su conocimiento interior que está lejos en el espacio exterior, muy lejos de la Tierra. Vuelva a mirar a la Tierra y ésta aparece como una pelota pequeña de luz de un bello verde azulado, casi del tamaño de su puño. Ahora vea a la Tierra como rodeada por una Luz rosada. Ésta es una Luz de Protección, de Amor y de Paz, en esencia, una plegaria sin palabras para el planeta que utiliza Luz. Usted continúa flotando, suave y apaciblemente, en un espacio exterior de color índigo, una mezcla de azul oscuro y púrpura, moteado por partículas de luz en la distancia lejana. Algunas de estas luces son estrellas y planetas. Incluso ve una galaxia en movimiento compuesta por una miríada de luces, una visión soberbia e imponente. Usted está disfrutando el esplendor de su visión y, en forma simultánea, sensaciones muy apacibles de su experiencia expansiva en el espacio. De repente siente como si estuviese siendo atraído de regreso a la Tierra, de manera suave pero enérgica, como si usted fuese un magneto y la Tierra fuese un magneto de mayor tamaño que innegablemente está atrayéndola, llamándola de regreso a ella. Saber que está siendo atraída de regreso a la Tierra significa que su misión, su propósito divino y único para estar en ella en este momento aún no está completo. Acepta el «tirón» y disfruta de la «cabalgata» de regreso a la atmósfera de la Tierra.

Cuando comienza a descender lentamente a través del primer par de capas de nubes y de la cálida luz del sol, se encuentra a usted misma en un cielo brillante, de un azul claro, salpicado con grandes bullones de nubes. De repente, su atención es cautivada por el arcoiris más grande y más bello que haya visto en su vida. Sintiendo alguna aptitud para seguir su curso, se encamina hacia el arcoiris y sus bellos colores. Se encuentra deslizándose lentamente en el primer color del arcoiris, que es el rojo. Hace una pausa en medio del arcoiris, totalmente inmersa y rodeada por el color rojo. Aspira el color rojo y capta todos sus aspectos positivos. Se siente, se ve o se imagina colmada y rodeada por el color rojo. Sea el color rojo.

Cuando ha obtenido todos los atributos positivos del rojo, se siente flotando fuera de él yendo hacia el color siguiente, que es el naranja. Nuevamente, siéntase deteniéndose en el color naranja. Todo lo que usted puede ver es de color naranja. Aspire el naranja; imagínese siendo colmada y rodeada por el naranja, y sea el color naranja, un bello matiz de naranja.

Cuando ha tomado todos los atributos positivos

del naranja, encuéntrese avanzando hacia el siguiente color, que es el amarillo, un bello matiz de amarillo. Aquí, totalmente rodeado por el amarillo, haga una respiración profunda de luz amarilla pura. Véase siendo colmado y rodeado por la luz amarilla.

Cuando ha absorbido todas las energías positivas, curativas, del color amarillo, siéntase deslizándose hacia el siguiente color, el verde. En el medio del arcoiris, haga una respiración profunda y llénese totalmente con las maravillosas energías curativas del verde, el color del crecimiento, de la creatividad.

Después de que se ha complacido en la luz verde, bañándose en su esencia, siéntase flotando suavemente hacia el color siguiente, que es un bello azul cielo. Avance hasta que esté totalmente inmersa en la luz azul. Aspírela y véala rodeando por completo su cuerpo. Sea la luz curativa azul.

Cuando ha obtenido todos los beneficios del azul, continúa avanzando, deslizándose hacia el color siguiente, que es el índigo, un púrpura oscuro azulado. Vea, sienta sólo este color, esta luz colmando y rodeando su cuerpo.

Cuando ha sido impregnada con este color recibiendo todos sus beneficios, avance hacia el color siguiente, que es el violeta. Demórese en este color un breve momento, aspirándolo, colmando y rodeando su cuerpo. Luego avance hacia el último color, una mezcla de todos los colores: la Luz blanca más bella y radiante. Aquí se queda –descansada, rejuvenecida, relajada, aunque vigorizada– tanto tiempo como le guste.

**Pausa**

Cuando sea hora de marchar, haga una respiración profunda y siéntase regresando al lugar donde comenzó su meditación. Nuevamente, respire y esta vez dé a su cuerpo un buen estiramiento y abra los ojos. Recuerde la curación que acaba de tener con la Luz y el color. Con gratitud y sintiéndose MAGNÍFICA, se prepara para continuar con el resto de su día.

*Desde comienzos de la década de 1970 hasta el inicio de la década de 1990, Karen Thomson ha compaginado una carrera académica con su trabajo metafísico. Como profesora con dedicación plena en su doctorado en inglés, enseñó literatura y composición en las aulas de la facultad y también fue administradora de facultad en el sistema universitario de Georgia. En 1993 hizo un cambio espectacular en su carrera y llegó a ser profesional a tiempo completo de varias artes metafísicas y curativas, incluyendo lecturas psíquicas, asesoramiento espiritual y curación. Da conferencias, imparte clases, escribe y brinda asesoramiento privado.*

# Anillo de luz

Guía: Ernestine Wolfe-Cline

*«El Anillo de Luz limpia y depura.»*

## Introducción

El viaje guiado del Anillo de Luz se utiliza para depurar y purificar el campo áurico y para alinear todos los cuerpos y chakras. Equilibra y cura todo el campo energético.

## El viaje

Siéntese tranquilamente con la espalda recta, los pies planos sobre el suelo y las manos en el regazo, con las palmas hacia arriba.

Centre su atención en su respiración y respire de manera lenta y profunda, pero con suavidad. Sea amable con usted misma.

Permita que su respiración llegue a ser una luz pura y radiante. Envuelva con esa luz cada célula de su cuerpo. Vea su forma física colmada de esa luz brillante. Continúe la respiración y permita que cada aliento expanda la luz más allá de la forma física, hasta que usted se halle rodeado por un resplandor blanco. Vea su esfera de energía como una gran bola de luz. Sepa que ésta es su esencia verdadera.

**Pausa**

Mantenga su esfera de luz. Lleve su atención hacia el centro de su esfera y entre al santuario sagrado de su templo interior. Sepa que éste es el lugar que alberga al Espíritu de Dios.

**Pausa**

Lleve su atención hacia el centro de su esfera de energía. Encuéntrese en un bello lugar llamado «Paz». Sienta la energía sagrada de este lugar.

En este lugar bello, llega a ser consciente de un radiante haz de luz que se derrama sobre usted desde un punto infinito en el universo. La corriente de luz lo baña y lo colma. Forma un anillo o círculo de luz, una llama blanca de unos ocho centímetros de alto y unos diez centímetros de diámetro que circunda sus pies. Este anillo de fuego canturrea mientras vibra y comienza a ascender y a rodear su cuerpo con un resplandor suave y cálido. El Anillo de Luz sube hasta el nivel de las caderas y vacila.

En el centro de energía que se halla en la base de la columna vertebral se coloca una esfera de luz azul. Es una energía fría, serena, azul, que se irradia a través de su cuerpo.

**Pausa**

El Anillo de Luz asciende y vacila una vez más a la altura del ombligo. Este centro de energía está ocupado por una esfera de luz naranja dorada y vibra en todo su cuerpo con una suave energía nutritiva.

**Pausa**

El Anillo de Luz comienza a ascender una vez más y llega hasta el nivel del plexo solar, deteniéndose allí. El centro del plexo solar está colmado por una luz verde, exquisita y soberbia. Permítale fluir a través de este centro de energía. Ahora en el centro de ese punto de energía se halla emplazada una refulgente y radiante esmeralda. Sienta la energía de su joya coloreada desplazarse a través de usted.

**Pausa**

Luego, el Anillo de Luz externo sube hasta el nivel del centro del corazón. En el centro del corazón se halla colocada una esfera de luz de un rosa intenso. Esa esfera se expande para llenar la cavidad del pecho con ese resplandor rosado. En el centro del punto de energía del corazón está situada una bella rosa blanca.

**Pausa**

El Anillo de Luz externo una vez más asciende hasta llegar al nivel del cuello y de la garganta y aquí vuelve a vacilar. El cuello está rodeado por una franja de luz azul. La luz azul entra en el cuello, en la garganta y en la zona de la clavícula.

Sienta la luz azul desplazarse a través del cuello, la garganta, la clavícula, la lengua, las mandíbulas y los dientes. En el centro de este punto de energía –el centro de la clavícula y del cuello– está colocada una magnífica mariposa dorada.

**Pausa**

El anillo exterior de fuego vuelve a ascender para llegar hasta el nivel de la frente y aquí vacila. En el centro de la frente está colocado un cristal blanco y transparente; su vibración se desplaza a través de la frente y los ojos como una pálida luz de un azul blanquecino.

**Pausa**

El Anillo de Luz asciende una vez más hasta el nivel de la parte superior de la cabeza, circundando la coronilla. En la parte superior de la cabeza está colocada una esfera de luz blanca. Cuando la observa más de cerca, ve muchos puntos de luz diamantina en el interior de la esfera.

**Pausa**

El Anillo de Luz exterior asciende más alto y atrae hacia sí justo encima de la cabeza para formar otra esfera blanca de unos quince centímetros. Esta esfera comienza a derramar haces de luz líquida, que fluyen a su alrededor como una gran fuente.

Esta luz líquida forma un gran escudo a su alrededor. En silencio, experimente su propia fuente de luz.

**Pausa**

Comience por centrar su atención en su respiración. Permita que la imagen de la fuente empiece a desvanecerse. Llegue a ser más consciente de su respiración. Permita a su respiración que se ponga a tono con el canturreo del universo mientras usted vuelve a llevar su atención hacia el mundo físico que lo rodea. Tómese tanto tiempo como necesite para regresar a su conciencia, suave y plenamente. Avance con suavidad y facilidad sólo cuando esté preparado.

*Ernestine Wolfe-Cline, que reside en Fort Myers, Florida, ejerce las funciones de pastor, artista y maestra que utiliza sus aptitudes intuitivas y artísticas para ayudar a los demás en su búsqueda de mayor conciencia y dirección espiritual en sus vidas. Ha desarrollado un proceso meditativo para crear ilustraciones y enseñar a otros a expresar su propia creatividad a través del dibujo y la pintura.*

# Su masaje

Guía: Marcia L. Clark

## El viaje

*Haga una pausa de diez segundos entre cada paso.*

- Haga tres respiraciones lentas y profundas y relájese.

- Visualícese recibiendo un masaje sedante. Sienta las suaves caricias sobre su cabello y su frente, luego firmes caricias circulares por todo su cuero cabelludo, con atención especial a aquellos puntos delicados en la base de su cráneo.

- Sienta esas caricias calmantes a través de su frente, de sus pómulos y a lo largo de la línea de la mandíbula, borrando toda la tensión de su rostro.

- Relájese más cuando experimente caricias prolongadas y deslizantes circundando las articulaciones de su hombro, siguiendo a lo largo de la parte superior de sus hombros y subiendo por los lados y la parte trasera del cuello con la presión adecuada para usted. Sienta las caricias lentas y firmes sobre las zonas tensas y delicadas del cuello. Sienta que sus hombros y su cuello se aflojan con cada repetición de las caricias.

- Permita que sus brazos y manos se relajen cuando experimente caricias deslizantes que suben por sus brazos ondulando sobre los contornos; luego sienta firmes caricias de estiramiento sobre la palma, el dorso y los dedos de sus manos.

- Libere cualquier resto de tensión a través de su respiración cuando sienta sobre su abdomen caricias circulares en el sentido del reloj, luego movimientos suaves meciendo el abdomen de lado a lado.

- Permita que el cansancio se escurra saliendo de sus piernas cuando sienta caricias «de amasado» subiendo por la parte frontal y trasera de sus piernas, seguidas por prolongadas caricias deslizantes ascendiendo por los contornos de las extremidades. Sienta que sus muslos y sus pantorrillas se ablandan con cada caricia, como si fuesen de cera derretida.

- Sea consciente de la circulación sanguínea a través de sus pies, reanimándolos, mientras experimenta breves caricias estimulantes a lo largo de la parte superior, de los lados y plantas de sus pies, llegando con suavidad hasta los dedos.

- Libere la tensión que está oculta en los músculos de su espalda cuando sienta firmes caricias «de amasado» varias veces hacia arriba y hacia abajo a ambos lados de ésta. Luego sienta firmes caricias circulares descender a lo largo de los lados de su columna vertebral, seguidas por caricias compresoras sobre sus hombros y en la parte superior de la espalda.

- Libere todo el estrés retenido en la región lumbar cuando experimente caricias firmes que borran la tensión sobre la parte superior y los lados de sus caderas.

- Prepárese para regresar a un estado de alerta, sintiéndose relajado, renovado y colmado con energía curativa, mientras experimenta caricias sedantes, deslizantes y completas hacia arriba y hacia abajo de su espalda.

*«Yo soy una terapeuta masajista de profesión, y después de masajear a personas todo el día disfruto relajándome y recibiendo visualmente un masaje yo misma.»*

*Marcia L. Clark*

# Estrella

Guía: Tony Capp

—

## El viaje

Siéntese en posición de loto o en una silla con la espalda recta y los pies firmemente plantados sobre el suelo, o siéntese sobre el suelo contra un respaldo. Haga unas pocas respiraciones profundas, aspirando a través de las fosas nasales, contenga el aliento hasta la cuenta de seis y libere con un suspiro prolongado. Libérese de las preocupaciones del día, de las tensiones, de los problemas.

**Pausa**

Vea en el cielo una estrella brillante y resplandeciente: su propia estrella personal. Véala creciendo y volviéndose más y más brillante. Véala comenzando a descender dando vueltas en espiral de izquierda a derecha, acercándose más y más a usted, hasta que llega a un punto a unos treinta centímetros por encima de su cabeza. Coja un rayo dorado de esa estrella y envíelo hacia abajo a través de la parte superior de su cabeza, descendiendo a lo largo de la zona frontal de su columna vertebral, saliendo por la base de ésta. Envíelo treinta centímetros hacia la tierra. Esto conecta su estrella del alma con su estrella de la tierra. Ahora vea a la estrella dando vueltas alrededor de su cabeza y de su rayo dorado. Comienza a descender. Toca la parte superior de su cabeza que, como una flor de loto de muchos pétalos, se abre y es energizada. Continúa descendiendo y dando vueltas y toca el centro de su frente. Como un pimpollo, su frente es energizada y se abre. La estrella continúa descendiendo y dando vueltas alrededor de su cabeza y viene a descansar en el centro de su garganta. Su garganta se abre como si fuese un tulipán, energizado y vibrante. La estrella continúa descendiendo y dando vueltas alrededor de su cuerpo y viene a descansar en la zona de su corazón. Su corazón se abre y es energizado. Se abre como una flor de loto de muchos pétalos. La estrella continúa dando vueltas y descendiendo, tocando su plexo solar. Como una margarita, su plexo solar se abre y es energizado. La estrella continúa dando vueltas y descendiendo y toca la zona entre su ombligo y su hueso pélvico, que es energizado y se abre como si fuese una azucena atigrada. La estrella continúa dando vueltas y se dirige hacia la zona justo delante de la base de su columna vertebral, llamada chakra de la raíz. Como un botón de rosa roja, su chakra de raíz se abre y es energizado.

Ahora, haciendo una respiración profunda, usted lleva esa estrella hacia arriba a través del centro de su cuerpo, hacia arriba a través del chakra de la raíz. Da vueltas en espiral alrededor de ese rayo dorado, más y más alto a través de su cuerpo. Hacia arriba a través de su plexo solar y de su corazón y, finalmente, sale por la parte superior de su cabeza. Ahora su cuerpo está resplandeciente como una luz de neón: una bella y transparente luz blanca, muy brillante. Una vez más, la estrella inicia su descenso en espiral. Cuando toca la parte superior de su cabeza, de su flor de loto salen rayos ultravioletas que forman alrededor de ella un halo de color violeta. La estrella continúa bajando, tocando el centro de su frente, donde un humo de color índigo sale del pimpollo y rodea su frente hasta formar otro halo. La estrella continúa descendiendo y dando vueltas, y toca su garganta y de ella emana un humo azul cielo, de color zafiro, que la rodea y forma un halo. La estrella sigue bajando y dando vueltas y toca la zona de su pecho, y ésta envía hacia afuera un humo verde esmeralda para irradiar y formar un halo verde en torno a su corazón. La estrella continúa descendiendo y dando vueltas y toca su plexo solar y la margarita se ilumina de un color amarillo y de ella emana una fragancia amarilla que forma un halo amarillo alrededor de su cuerpo. Se dirige hacia abajo, entre su ombligo y su zona pélvica. La azucena atigrada emana radiaciones o humo de color naranja y forma un halo coloreado de naranja. La estrella continúa descendiendo y se dirige hacia el chakra de su raíz. El botón de rosa que está en el chakra de la raíz se abre, emanando el color rojo, que también forma un halo alrededor de su cuerpo. Lleve esta estrella hacia arriba a través de su cuerpo desde el chakra de su raíz, hacia arriba a través de su plexo solar, de su corazón, de su garganta, hacia arriba a través de su cabeza y saliendo por la parte superior de ésta. Finalmente viene a descansar a unos treinta centímetros por encima de su cabeza, donde forma una brillante luz blanca, una diamantina estrella de cristal. Usted ahora está envuelto dentro de un capullo formado por rayos con los colores del arcoiris. La estrella derrama hacia abajo algo de su luz y fusiona todos los colores formando un arcoiris de energía y un capullo protector alrededor de su cuerpo.

**Pausa**

Hay un pequeño mantra que es bueno decir en este momento. Si lo elige, dígalo suavemente para usted:

> Los hijos de los hombres son una unidad y yo soy una unidad con ellos. Busco amar, no odiar. Busco servir, no exactamente servicio debido. Busco curar, no herir. Dejar el control de esta alma a la forma externa en la vida y a todos los acontecimientos, y llevar la luz al amor que

subyace en los sucesos del tiempo. Dejar que la visión llegue y penetre. Dejar que el futuro se mantenga revelado. Dejar que la visión interior se manifieste y que las divisiones externas desaparezcan. Dejar que el amor prevalezca. Dejar que todos los hombre amen.

Ahora coja su estrella y colóquela delante de usted. Cuando aspira profundamente, extrae energía celestial a través de la parte superior de su cabeza hacia su corazón. Cuando contiene la respiración por un momento, esa energía se desarrolla, y cuando espira, espira un rayo de luz dorada procedente de su corazón que va hacia su estrella y la estrella comienza a crecer. Muy pronto llega a ser tan grande como la habitación. Cuanto más respira, más grande se hace la estrella. Muy pronto es más grande que la casa. La estrella sigue creciendo y resplandeciendo, extendiéndose más allá de la ciudad en que usted vive. Se extiende más allá de la provincia. Sigue creciendo y resplandeciendo cuanto más respira; pronto es tan grande como la comunidad en que usted vive. Llega a ser más grande que el continente en que usted vive. Se difunde a través de los océanos, luego al norte y al sur. Circunda todo el globo. La estrella sigue creciendo y resplandeciendo cuando se le unen otras. Luego la estrella vuelve a ser energizada. Es colmada de amor incondicional, paz interior, poderes para la curación, y un sentido de armonía y belleza para todas las cosas.

Con el pensamiento de paz, amor, luz, alegría y compasión, contemple la tierra. Vea a la compasión difundirse por todo el globo como una onda hasta que cubra los cuatro puntos cardinales. Ahora permita a la estrella que se encoja hasta llegar a ser del tamaño de la tierra. Véala centrándose en su continente. Véala encogiéndose hasta el tamaño de su continente. Véala centrándose en su comunidad, encogiéndose hasta su tamaño. Véala centrándose en su ciudad, encogiéndose hasta su tamaño. Veála centrándose en el lugar en que usted se alberga y haga que se encoja hasta ese tamaño. Véala centrándose en su habitación y haga que se encoja hasta ese tamaño. Véala delante de usted como una estrella de energía que fluye y está llena de amor, armonía, belleza, paz interior y conocimiento –un conocimiento consciente– del YO SOY que está dentro de todos nosotros.

Ahora, si hay alguien a quien usted desee enviar amor, ponga a esa persona en la estrella. Vea esa energía amorosa fluyendo hacia ella. Ahora envuelva a esa persona en un manto de esa estrella y, en su imaginación, sepárela de ella de modo que pueda darse en forma incondicional, sin ataduras. Si conoce a alguien que necesite curación, ponga a esa persona en esa estrella. Vea a esa persona sana, realizando las cosas que no está en condiciones de hacer debido a su enfermedad. Envuelva a la persona en la estrella, y proceda a separarla. Dé a esa persona esa energía de manera incondicional, para que pueda utilizarla cuando lo desee. Tal vez existe alguien con quien usted no se lleva bien. Ponga a esa persona también en la estrella. Envuélvala en el manto de la estrella y sepárela. Déle ese amor en forma incondicional.

**Pausa**

Habiendo hecho esto, coja su estrella y colóquela encima de su cabeza. Vea a la estrella enviando hacia abajo rayos de los colores del arcoiris, que no sólo rodean su cuerpo y lo lavan por fuera, sino que también lo lavan por dentro. Vea a esos rayos lavando todos los sentimientos de negatividad, sentimientos de odio, frustración e ira. Véalos lavando el terreno. Agradezca a la tierra por aceptarlos. Y en su lugar llene cada célula de su cuerpo con paz interior, con amor incondicional, con energías curativas, con armonía y belleza para todas las cosas, y un conocimiento consciente del YO SOY que está dentro de usted. Un conocimiento de que usted es una parte crucial del plan de Dios. Que usted es importante para ese plan y muy necesario. Una comprensión de que a través de usted Dios experimenta este mundo. Ahora tome este momento y haga que la lluvia llene cada célula de su cuerpo con amor incondicional y paz interior.

**Pausa**

Una vez que esté colmado de amor y paz interior, retire el rayo dorado. Envíe a la estrella de regreso al cielo que puede ser utilizado para otro día y momento. Vuelva a llevar su conciencia a su cuerpo, sintiéndolo colmado de paz interior, armonía, amor incondicional. Muy suavemente, abra los ojos y entre en la habitación. Sonría y sepa que usted es la persona amada.

*«Yo utilizo esta meditación para enviar amor a las personas a la distancia. También puede ser empleada para curar.»*

*Tony Capp*

# Quítese las preocupaciones con un lavado

Guía: William J. Ronan

## El viaje

Cierre los ojos e imagine que cuando se lava la cara y las manos, está quitándose todas sus preocupaciones. Imagine que la suciedad está siendo eliminada, abandonando su mente y su cuerpo. Imagínela descendiendo en remolinos por el desagüe. Véala dejándolo. Imagine que comienza cada día de este modo. Deje que la suciedad y el dolor de su vida sean eliminados bajando por el desagüe. Véalos saliendo por el desagüe. Imagine que cuando se cepilla los dientes, está expulsando cualquier palabra molesta. Imagine que cuando se lava las orejas, está preparándolas para oír las cosas provechosas que le dicen durante el día, a fin de que pueda tomar las mejores decisiones posibles basadas en la información que recibe. Imagine que sus ojos se sienten más reavivados, viendo de manera más clara y precisa. ¡Deje que suceda!

*«Técnicas como éstas son muy útiles para la gente que se ve a sí misma como malas personas, las víctimas de abuso o personas con autoestima baja. Cuando los problemas son serios, se justifica buscar asesoramiento apropiado o psicoterapia.»*

*William J. Ronan*

# Índice